AF474787

CATALOGUE
DES
ESTAMPES,

Vases de Poterie Etrusques, Figures, Bas-reliefs & Bustes de Bronze, de Marbre & de Terre cuite, Ouvrages en Marqueterie du célebre Boule pere, Pieces de Méchanique, & autres Objets curieux du Cabinet de feu M. CROZAT, Baron de Thiers, Brigadier des Armées du Roi, Lieutenant Général pour Sa Majesté de la Province de Champagne au Département de Reims, & Commandant en ladite Province.

Par P. REMY.

A PARIS,
Chez MUZIER, Pere, Libraire, quai des Augustins.

M. DCC. LXXII.

AVERTISSEMENT.

Nous n'annonçons aujourd'hui qu'une partie du célebre Cabinet de M. le Baron de Thiers. Sa riche Collection de Tableaux, si connue de toute l'Europe, avoit été formée à grands frais par les soins & les recherches de M. Crozat. M. le Baron de Thiers l'avoit encore augmentée. Elle étoit composée, comme tout le monde le sait, des plus grands Maîtres des Ecoles Françoise & Flamande; mais la partie la plus nombreuse étoit de ceux d'Italie. Le goût de M. Crozat pour cette Ecole, la premiere & la maîtresse de toutes les autres, annonçoit la justesse & l'étendue de ses connoissances dans l'Art de la Peinture ; il aimoit les sujets grands, nobles & fiérement traités, qui sont sortis des mains de ces grands Hommes, dont le nom seul inspire du respect. Elle est perdue pour la France, & elle va appartenir à l'Impératrice de Russie. Cette nouvelle acquisition fait honneur au goût de cette Princesse, & doit causer en même temps des regrets aux François.

qui l'acheta pour la somme de 450.000 ₶.

Le goût de M. le Baron de Thiers ne s'étoit pas borné aux Tableaux : tout ce qui avoit rapport au dessein avoit des charmes pour lui : il possédoit encore une très grande quantité de Statues antiques & modernes, en bronze & en marbre ; des modeles en terre cuite des plus grands Maîtres, tels que François Flamand, Sarasin, Le Gros, &c. une nombreuse collection d'Estampes, enfin des Meubles précieux du célebre *Boule*.

Ce sont ces objets que nous annonçons : à la seule inspection du Catalogue, on jugera aisément que cette vente sera encore considérable, & qu'elle mérite l'attention du public, par la beauté & la multiplicité des morceaux curieux qu'il contient.

Nous nous contenterons seulement de faire remarquer que la Collection d'Estampes a été faite dans des temps où on pouvoit avoir aiſément de belles épreuves. Enfin nous pouvons promettre dans ce genre, & dans les autres, de quoi ſatisfaire le goût le plus recherché.

Cette vente ſe fera vers la fin du mois de Février de l'année prochaine; on l'indiquera par Affiches.

TABLE

Des différents objets contenus dans ce Catalogue.

Fin de la Table.

CATALOGUE

De très belles Estampes des trois Ecoles, en feuilles, en Livres & en Recueils; de Bronzes Egyptiens, vases Etrusques & autres antiquités; Figures, Grouppes & Bustes de bronze modernes, de Marbre, de Terres cuites; plusieurs beaux meubles de Boule, & autres effets curieux du Cabinet de feu M. Crozat, Baron de Thiers.

ESTAMPES.

Ecole Florentine.

1. La Cene, grande piece, gravée par P. Soutman, d'après *Léonard de* — 18 ll

Vinci, ſur un deſſein fait par Rubens ; belle épreuve, ſans le nom de Rubens, mais avec ceux de Soutman & de Léonard.

2. Cinquante-une eſtampes d'après le même *Léonard*, dont 44 gravées par Hollar. Plus une Vierge qui donne à tetter à l'Enfant Jéſus, inventée & gravée par *André de Solario*.

3. Le Jugement dernier, avec le portrait de Michel Ange dans un ovale, au haut de la planche, par Martin Rota. Ce morceau d'après *Michel Ange Buonaroti*, eſt très beau d'épreuve & bien conſervé.

4. Quatre-vingt-ſix morceaux du même *Michel Ange*, dont beaucoup ſont beaux d'épreuves, gravés par Rotta, Bonaſone, Mantuan, Corneille Cort, Beatricius & autres.

5. *Vita D. Joannis Baptiſtæ*, en 15 pieces, gravées par Théodore Cruger, belles épreuves, & un livre d'inſtructions ſur le mouvement du corps humain, en huit feuilles, non compris le titre, par J. Cole, d'après *André del Sarte*.

6. Vingt-deux ſujets de Vierge & au-

tres, aussi d'après *André del Sarte*, gravés par Hollar, Bloemaert, Cherubin Albert, Gruger, Steen, Vorsterman & Natalis; la Sainte Famille, gravée au burin, par Callot; s'y trouve avant les noms de Callot & de *P. Mariette.*

7. Douze sujets de sainteté, composés par *André del Sarte*, & gravés par Lorenzini & Cosimo Mogalli; plusieurs sont avant la lettre.

8. Vingt-une estampes de *Filippo Lippi*, *Baccio Bandinelli*, *Domencio del Barbieri*, *Dominique Guintalocchio*, *Nicolas Circignani*, & autres Florentins.

9. Quatre cents dix estampes de *Della Bella*, épreuves anciennes & modernes, dans un volume *in-folio*, veau.

ECOLE DE SIENNE.

10. VINGT-SEPT pieces de *Baltazar Peruzi*, *Ventura Salimbeni*, & autres.

11. La mort de Saint François, & un

Saint Jérôme, gravés par Augustin Carrache, d'après *François Vanni*; ces deux estampes sont belles d'épreuves.

12. Vingt-trois estampes d'après le même *Vanni*, dont le plan de Sienne en quatre grandes feuilles, par Pietre de Jode.

13. La vie & les miracles de Sainte Catherine de Sienne, en douze morceaux, par P. de Jode, beaux d'épreuves, & cinq autres pieces d'après *François* & *Raphael Vanni.*

14. Une pareille suite de la vie de Sainte Catherine de Sienne, d'après *François Vanni*, & trois grandes pieces de *Baltazar Peruzi* & *Ferran Fenzoni.*

ECOLE ROMAINE.

Raphael Sancio d'Urbin.

15. L'HISTOIRE de l'Ancien Testament, peinte au Vatican, gravée en quarante-sept morceaux, par Sixte Badalochi & Jean Lanfranc; & la même suite en cinquante-deux pieces, par Horace Borgiani.

16. La même Hiſtoire en cinquante-quatre morceaux, y compris deux frontiſpices, gravées par Nicolas Chapron, & une partie de cette ſuite en vingt-une pieces, par Villamene.

17. Une ſuite de quinze ſujets de l'Hiſtoire Sainte, petites pieces en forme de friſes, gravées par *Pietro Sante Bartoli*. Autre ſuite de douze morceaux, & douze ſujets de l'Ancien Teſtament, gravés par Bonaſone, Auguſtin Vénitien, & autres.

18. Joſeph, & la femme de Putiphar; David qui coupe la tête de Goliath. Ces deux pieces, gravées par Marc Antoine, ſont anciennes épreuves.

19. L'adoration des Bergers, par Pietro del Po; la même compoſition par Corneille Bloemaert, & cinq autres ſujets du Nouveau Teſtament.

20. Onze ſujets du Nouveau Teſtament, dont deux maſſacres des Innocents, tirés des tapiſſeries du Vatican, & gravés par S. Vouillemont. La multiplication des cinq

pains, grande piece, par J. Baptiste de Cavalleris.

21. Dix-huit autres, aussi du Nouveau Testament, dont plusieurs gravés par Cort, Diana, Augustin Vénitien.

22. Un Christ au tombeau; la résurrection, & autres sujets; en tout quinze estampes.

23. Deux épreuves différentes de la vision d'Ezechiel, gravées par Mogalli; les quatre Evangélistes, par Augustin Vénitien; les pareils sujets; les Evangélistes assemblés; S. Luc qui peint la Vierge, par Corneille Bloemaert, beau d'épreuve: en tout douze morceaux.

24. N. S. & les douze Apôtres, gravés par Simon de Ravenne, très rares à trouver, aussi beaux d'épreuves; St. Pierre & St. Paul, par Cavalleris; les Actes des Apôtres en onze petites pieces sans nom; & quatre autres estampes, dont le Proconsul Sergius qui se fait Chrétien par la prédication de St. Paul, gravé par Augustin Vénitien.

25. Douze sujets de Vierge, dont

deux, par Sadeler & Vanſchupen.

26. Huit autres, dont le ſilence, & un autre ſujet de Vierge où eſt l'Enfant Jeſus debout, qui careſſe le petit S. Jean, tous deux par Poilly.

27. Treize grandes pieces, ſujets de Vierge, gravées par différents Maîtres.

28. Dix ſept morceaux preſque tous ſujets de Vierge, gravés en Italie.

29. La piece connue de tous les amateurs ſous le nom des cinq Saints, gravée par Marc Antoine, épreuve très ancienne.

30. Dix-neuf eſtampes répréſentant des Saints & Saintes; deux Saints George & une Judith.

31. Les Noces de Pſyché & de l'Amour, peintes dans les jardins Farneſe, & gravées par Dorigny, en douze feuilles, chiffrées, y compris le triomphe de Galathée. La dixieme feuille manque. Les mêmes en petit, en dix morceaux à l'eau-forte, par F. Perier, & les angles en quatorze, par G. Audran.

32. Les planetes en neuf pieces, par

Dorigny ; & l'Histoire de la Maison de Médicis en quinze morceaux, par *P. S. Bartoli*, très belles d'épreuves.

33. Les peintures du Vatican, gravées & dessinées, par Fr. Aquila, en vingt-deux grandes feuilles, dont quatre sont employées à la bataille de Constantin.

34. Huit pieces des peintures du Vatican, par d'anciens Graveurs ; & Héliodore chassé du temple, en deux feuilles, gravées par Carle Maratte.

35. Six estampes, dont St. Paul prêchant dans l'Aréopage, piece connue sous le nom de l'Ecole d'Athenes ; & la dispute du St. Sacrement, l'une & l'autre, par George Mantuan.

36. Les cartons de Hamptoncourt, ou desseins des tapisseries du Vatican, en huit grandes pieces, y compris le frontispice, gravées par N. Dorigny, très belles épreuves.

37. Les mêmes compositions en sept morceaux, gravés par Simon Gribelin, & seize autres estampes.

38. Vingt-ſix eſtampes, dont le Parnaſſe, par Villemont, & la ſuite des diverſes figures hyérogliphiques. A Paris chez Audran.

39. Le Parnaſſe, par Marc Antoine, très beau d'épreuve, ſur un papier qui a conſervé toute ſa blancheur.

40. Un morceau de fantaiſie, connu ſous le nom de la Carcaſſe, gravé par Marc Antoine, épreuve ancienne; & le ſonge de Raphael, par George Mantuan.

41. Des génies, des guirlandes & des animaux, ſujets de cinq pieces de tapiſſerie du Vatican, par Beatricius; quatre morceaux de cette même ſuite, avec différences d'édition; l'hiſtoire de Pſyché en deux morceaux, par F. Perier; & ſept autres pieces.

42. Une ſuite de divers ornements peintes au Vatican, en onze morceaux, par Baudet; une autre ſuite de quarante-trois morceaux, par Bartolet; & ſeize différentes pieces.

43. Vingt-une eſtampes, dont pluſieurs gravées par Cherubin Albert.

44. Un recueil de têtes, tirées des ſept

cartons des Actes des Apôtres, deſſinées par le Chevalier Dorigny, & gravées en quarante-cinq planches, par les meilleurs Graveurs. *Londres*, 1722. Plus, vingt-trois pieces, par Picart, le Comte de Caylus & autres.

Giulio Pipi, dit *Jule Romain*.

45. Un œuvre compoſé de cent vingt eſtampes; d'après ce Maître, preſque toutes par différents Graveurs d'Italie.

46. L'aſſemblée des Dieux, grande piece en trois morceaux, par *Diana*, épreuve d'une beauté rare.

47. Une friſe faite en ſtuc au palais du Te, dans Mantoue, gravée en vingt-cinq morceaux, par Ant. B. Stella; *Sigiſmundi Auguſti Mantuam adeunntis profectio, ac triumphus*, en vingt-ſix pieces, y compris le titre, par P. S. Bartolus.

Polidor de Caravage.

48. Cent cinquante-ſept eſtampes, gravées par des Italiens.

Cet œuvre compoſé de ſujets, friſes & vaſes, eſt intéreſſant par la beauté des épreuves qui ſont des mieux choiſies.

Œuvre de Marc Antoine.

49. Deux compoſitions différentes d'Adam & Eve; & David qui coupe la tête de Goliath, épreuves rare à trouver auſſi belles.

50. Joſeph fuyant Putiphar, épreuve parfaitement belle; deux différentes Annonciations; & Dieu le Pere qui bénit Abraham & ſa poſtérité.

51. Trois morceaux de l'hiſtoire de la Sainte Vierge; & la Paſſion de N. S. d'après Albert Durer, en trente-ſix pieces. Plus, N. S. aſſis, couronné d'épinnes.

52. Le maſſacre des Innocents, d'après Raphael, eſtampe appellée vulgairement au chicot, très belle épreuve, & par conſéquent de la plus grande rareté.

53. Une très belle épreuve de la même compoſition, que Marc Antoine a gravée une ſeconde fois.

54. La Sainte Vierge qui monte les dégrés du Temple, accompagnée de Sainte Eliſabeth, qui y entend prêcher J. C. très belle eſtampe, brillante d'épreuve ſur ſon papier blanc.

55. La Madeleine chez le Phariſien, épreuve auſſi belle que la précédente ſur ſon papier blanc.

56. La Cene, d'après Raphael, épreuve ancienne, conſervée ſur ſon papier blanc.

57. Une deſcente de Croix, auſſi d'après Raphael; J. C. en croix, entre la Sainte Vierge & Saint Jean qui tient un livre; le Chriſt mort ſur les genoux de la Vierge; une copie de cette eſtampe, & deux Saints Jérôme.

58. La Sainte Vierge, l'Enfant Jeſus, Saint Joſeph & Saint Jean. Cette eſtampe connue ſous le nom de la Vierge à la longue cuiſſe, eſt belle épreuve.

59. La pareille piece, ancienne épreuve; & deux différentes compoſitions de la Sainte Vierge debout, ayant à ſes pieds le Chriſt mort, belles épreuves: il y en a une

de ces deux qui eſt très rare, dans laquelle la Vierge a le bras droit nud, & ſans un tronc d'arbre à droite dans le payſage.

60. La Sainte Vierge aſſiſe, tenant l'Enfant Jeſus debout ſur ſon genou gauche, entre S. Jérôme & le jeune Tobie, préſenté par un Ange, d'après le tableau que Raphael fit pour l'Egliſe de St. Dominique à Naples, qui eſt à préſent en Eſpagne. Une Sainte Vierge aſſiſe, tenant l'Enfant Jeſus, accompagnée de deux ſaintes femmes, & d'un Ange qui tient un vaſe ſur une cuvette. Ces deux eſtampes ſont très anciennes épreuves & belles.

61. La Sainte Vierge debout, avec le Chriſt, épreuve rare, pareille à la ſeconde du n°. 59. Les deux ſemblables du n°. 60, & la Vierge dite au grand palmier, anciennes épreuves.

62. Trois différentes épreuves de la Sainte Vierge dans la gloire, avec l'Enfant Jeſus; la premiere qui eſt très rare, eſt avec le fond blanc; la ſeconde a des hachures qui occu-

pent en partie le fond, & dans la troisieme *Augustin Carrache* y a ajouté deux têtes de cherubins & des nuées, & il y a supprimé les hachures. Plus, la Vierge donnant à tetter à l'Enfant Jesus, piece rare ; & sept autres sujets de Vierge.

63. N. S. dans la gloire, entre la Vierge & Saint Jean ; dans le bas on y voit Saint Paul & Sainte Catherine : on connoît cette estampe sous le nom des cinq Saints, elle est de la plus grande beauté, & vigoureuse épreuve.

64. La pareille piece, très belle épreuve.

65. La prédication de Saint Paul dans Athenes, d'après un carton de tapisseries des actes des Apôtres, épreuve très belle.

66. Soixante petites pieces représentant des Saints & quelques Saintes ; cette suite ne se rassemble pas facilement en aussi grand nombre.

67. Le martyre de Sainte Félicité, superbe épreuve, dans laquelle l'oreille de la Sainte ne paroît point.

68. Le martyre de Saint Laurent, d'a-

près *Bandinelli*, épreuve ancienne ; & Sainte Cecile avec pluſieurs Sts. eſtampe de réputation, nommée par les amateurs la Sainte Cecile au collier, & deux copies ; le tableau eſt dans l'Egliſe de Saint Jean in Monte, à Bologne.

69. N. S. les douze Apôtres, & un S. Pierre répété avec différence : ils ſont peints ſur des piliers de l'Egliſe des trois Fontaines, hors de Rome ; Saint Michel qui terraſſe le démon ; le miracle de l'aveugle né ; & la mort d'Ananie, par Auguſtin Vénitien, belle épreuve. Plus, trois autres pieces.

70. Des priſonniers préſentés à un Général d'armée, piece en hauteur avant la marque de Marc Antoine ; l'enlevement d'Hélene, & deux bas-reliefs, dont le triomphe de Marc Aurele, épreuve très ancienne & belle.

71. Les deux premieres eſtampes du n°. précédent, avec cette différence que la premiere a le monogramme de Marc Antoine ; Alexandre qui fait mettre les Œuvres d'Homere

dans le coffre de Darius ; & un pilo ou bas-relief qui est au courtil de S. Pierre à Rome, représentant la chasse d'un lion, dessinée par Jule Romain.

72. Le Parnasse, piece capitale, très belle épreuve.

73. Le jugement de Pâris, épreuve très vigoureuse.

74. Les Muses en sept pieces, très belles épreuves.

75. Cinq beaux morceaux de la précédente suite ; deux figures d'Apollon, & une composition de deux femmes de la Psyché : l'une à genoux donnant un vase à l'autre, qui indique une fontaine sur le haut d'une montagne, où est une autre femme à qui un aigle apporte un vase.

76. Le *Quos Ego*, ou Neptune calmant les flots, épreuve ancienne, sans être retouchée.

77. La Galathée, ancienne épreuve.

78. Alexandre qui présente une couronne à Roxane, la même composition en contre-partie ; dans le bas il y a huit vers Italiens. Façade de maison, ornée de cariatide & d'une

groſſe tête de femme ; Hercule qui étouffe Anthée ; le ſacrifice de Noé ; & Oreſte & Pilade amenés à Iphigénie en Tauride pour être Sacrifiés : en tout ſix eſtampes, bonnes épreuves.

79. Une Bacchanale en forme de friſe, tirée de l'antique, où eſt un Silene ſoutenu par deux ſatyres accompagnés de pluſieurs femmes ; cette piece ſe nomme la pille : la même compoſition en contre-partie, & la Carcaſſe ou le ſonge de Raphael, qu'on croit être gravé d'après le deſſein de Raphael, & que Paul Lomaſſé dit être d'après Michel Ange.

80. Trois eſtampes, belles épreuves, dont la Caſſolette ſupportée par deux figures de femmes.

81. Huit autres, dont une femme qui porte un cochon, deux canards & un lapin ; deux différentes compoſitions d'une femme qui ſe poignarde : on les nomme, quoique fauſſement, les Cléopâtres.

82. Vénus accompagnée d'une des trois Déeſſes, figures tirées du ju-

gement de Pâris. Une Silene appuyé sur un jeune homme, à côté d'un tonneau. Un vieillard assis jouant de la guitare, & ayant une autre guitare sous son pied droit. Un dragon sur une roche qui est attaqué par un lion, & un renard, &c. En tout huit estampes.

83. La petite peste, épreuve avant l'écriture, belle & très rare. Le dessein est conservé dans la gallerie de Dom Carlo Albani, à Rome.

84. La pareille estampe avec l'écriture, très belle épreuve.

85. Les trois angles que Raphael a peints dans le palais Chizi, & les grimpeurs, d'après Michel Ange, épreuves anciennes & belles.

86. Neuf estampes, dont Jesus-Christ dans le tombeau; la Sainte Véronique; la Cléopâtre couchée, d'après l'antique, & deux copies.

87. Figure en pied d'Apollon dans une niche; quatre autres figures aussi dans des niches; deux Bacchus; un satyre; un bas-relief, représentant un jeune homme nud, & un vieillard portant un flambeau,

tenant à eux deux un panier, ſur lequel eſt un enfant : en tout quinze eſtampes, belles épreuves.

88. Dix eſtampes, dont Titus & Veſpaſien, Curtius, Scipion & Oratius, en habits de guerriers à cheval ; trois Docteurs ayant leur bonnets ſur la tête & aſſis à terre ; un homme armé qui tient un cheval ; & un Général auſſi à cheval : on croit ces deux eſtampes de Nicolo de Modene.

89. Quinze pieces, tant ſujets que payſages.

90. Deux femmes nues couchées, & dormant au bord d'une riviere, à leurs pieds pluſieurs animaux chimeriques ; dans le fond à droite eſt un château en feu. Cette piece ſe nomme le ſonge de Marc Antoine.

91. Vingt eſtampes, dont, entre autres : Vénus qui joue des cœurs avec trois dés ; deux ſatyres, dont un porte une femme ſur ſon dos ; une femme portant une urne ſur ſa tête. Douze médaillons d'Empereurs.

92. Un animal chimérique qui veut avaler un papillon ; une femme aſſiſe

le dos appuyé contre un arbre, elle reçoit un lapin qui lui eſt apporté par un aigle ; un enfant aſſis ſur un monſtre marin, & autres eſtampes, en tout dix.

93. Cinq belles eſtampes, dont deux compoſitions avec quelques différences de Mars & Vénus nus avec l'Amour ; un ſatyre qui s'entretient avec une femme nue, & couchée à l'entrée d'une roche.

94. Un ſujet allégorique d'Adam & Eve, & treize autres eſtampes.

95. Trente-trois petits ſujets agréables, qui ne ſont point des moins intéreſſants de cet œuvre, quelques-uns ſont doubles avec différences, & difficile à trouver, auſſi beaux d'épreuves.

96. Vingt-ſept pieces de l'hiſtoire de Pſyché, avant le nom de Salamanque ; il y en a deux épreuves ſans les vers ; il manque la 9e. 10e, 13e, 21e & 22e.

97. La même ſuite, complette en trente-deux morceaux, avec le nom de Salamanque.

98. Seize eſtampes, dont pluſieurs belles épreuves.

99. Vingt-cinq autres, dont quatorze figures dans des niches.

100. Dix-neuf eſtampes, dont un petit Bacchanal, où eſt une femme & un homme ſoutenant un globe; un enfant qui badine avec un ſatyre aſſis proche d'un arbre; un grimpeur, d'après *Michel Ange*.

101. Vénus couchée, & l'Amour qui lui préſente un flambeau; une femme drapée, aſſiſe ſur des nuées, ayant un livre ſur ſes genoux, elle tient une baguette de la main gauche, proche d'elle deux Amours; il y en a trois épreuves, & une quatrieme en contre-partie. Les mêmes figures, gravées par David Hopher, Allemand, qui y a ajouté du payſage & un Ange: en tout quinze eſtampes de Marc Antoine & de ſes éleves.

102. Vingt-quatre eſtampes de Marc Antoine & autres.

103. Vingt-cinq ſujets, figures ou bas-reliefs.

104. Trente petites eſtampes, repréſentant des Saints & autres.

Sylvestre de Ravenne.

105. Vingt-cinq estampes, dont N. S. & les douze Apôtres, d'après *Raphael*; le massacre des Innocents, de *Bacius*, Florentin.

Jules Bonasone.

106. Un recueil intéressant de deux cents cinquante-quatre morceaux de ce Maître, presque tous beaux d'épreuves, d'après *Raphael*, *Michel Ange*, *Jule Romain*, *le Titien*, *Polidor* & autres; il y en a aussi d'inventés & gravés par *J. Bonasone*, dont les amours des Dieux.

Cherubin Albert.

106 *bis*. Un œuvre de Cherubin Albert, en quatre-vingt-dix-sept pieces, d'après plusieurs grands Maîtres; elles sont belles épreuves.

Augustin Vénitien.

107. Des sujets; des termes; des vases; & plusieurs morceaux d'architecture, en tout soixante-quatorze estampes.

Frédéric Baroche d'Urbin.

108. Vingt-huit eſtampes, dont une Annonciation qui eſt à l'Egliſe de Lorette, & une petite Vierge avec l'Enfant Jeſus, gravées par *Baroche* lui-même; Enée ſauvant ſon pere Anchiſe, par *Auguſtin Carrache.*

Pietro Berettini de Cortone.

109. Treize ſujets, pluſieurs ſont tirés du nouveau Teſtament, dont l'adoration des Bergers, gravée par Corneille Bloemaert.

110. Sainte Martine à genoux, recevant un lis des mains de l'Enfant Jeſus, qui eſt dans les bras de la Vierge; eſtampe gravée par François Spierre, très belle épreuve & brillante.

111. Dix grandes eſtampes, gravées par N. Bylli, Blondeau, Caſtellus, Louvemont & Gaudenſis.

112. Un ſacrifice à Diane; celui de Polixene; & le triomphe de Bacchus, par P. Aquila, épreuves brillantes.

113. La bataille d'Alexandre & de Darius, par P. Aquila, belle épreuve; le Mont Athos, gravé par Spiere; les jardins de Flore en ſept pieces, & quatre autres eſtampes.

114. Quatre Coupoles.

115. Dix-ſept morceaux gravés par différents Maîtres, dont le titre des Annales de Marianne, par Spierre.

116. Dix-neuf eſtampes de plafonds, par Blondeau, de la Haye, Bloemaert, & autres.

Cyro Ferri.

117. Seize ſujets & Cariatides, par Caſtellus, Farjat, Bloemaert, de la Haye, &c.

118. Vingt-ſept eſtampes, dont pluſieurs par Bloemaert & Roulet; le plus grand nombre eſt très beau d'épreuve.

119. Onze autres, dont huit pour un miſſel, gravées par Spierre, Bloemaert & Picart.

120. Six grandes eſtampes en hauteur, ſujets de Sainteté, gravées par Baleu, Spierre, Louvemont, de la Haye, & Bloemaert.

121. Le frappement du rocher; les Vestales & les filles de Jethro, par P. Aquila; le Coriolan, par de la Haye, anciennes épreuves.

122. La coupole de l'Eglise de Sainte Agnès, en huit grandes pieces, y compris celle qui en donne toute la composition, gravée par N. Dorigny; & une allégorie, par G. Castellus.

123. La these allégorique à la gloire des Médicis, par F. Spierre; & trois autres, par Roullet & Audenaerd.

Pietre Testa.

124. Soixante & quinze estampes de ce Maître, dont trente-quatre gravées par lui-même, anciennes épreuves.

Le Chevalier Carle Maratte.

125. Le portrait de Carle Maratte, & dix-huit sujets de l'ancien & du nouveau Testament.

126. Quinze pieces, sujets du nouveau Testament.

127. Quinze autres, gravées par Au-

denaerd, Chaſteau, Frey, &c.

128. Quatorze belles eſtampes, preſque toutes repréſentent des ſujets de Vierge.

129. Quinze, par Frey, Audenaerd, Freza, & autres.

130. Onze eſtampes.

131. Dix ſujets de la Fable.

132. Treize pieces gravées par différents Italiens.

ECOLE DE PARME.

Antoine Allegri, ſurnommé le Correge.

133. HUIT eſtampes, dont l'Antiquaire gravé par C. Wiſſcher, d'après le tableau qui eſt à Wintor, qu'on dit être le portrait de Baccio Bandineli.

134. Jupiter & Io; Ganimede; l'Amour ſe formant un arc. Ces trois morceaux, gravés par *Franciſco van Deſteen*, ne ſont pas communs.

135. La Coupole de l'Egliſe de Saint Jean à Parme, en douze pieces, compris le titre, par Jacob Jovanninus.

136. La Vierge qui présente la mamelle à l'Enfant Jesus ; cette estampe est connue sous le nom de la Vierge de Spierre.

137. Dix-huit sujets du nouveau Testament, & des Vierges.

138. Une très grande piece allégorique, & huit autres estampes.

139. L'*Ecce Homo*; une Vierge assise avec l'Enfant Jesus, entre S. Jérôme & la Madeleine; ces deux estampes sont gravées, par Augustin Carrache.

140 Les trois Correge, gravés par Duchange, très beaux d'épreuve. Plus, Io & Léda, par Desrochers.

François Mazzuoli, dit le Parmesan.

141. Trois cents cinquante-huit estampes, dont plus de cent vingt gravées par *Parmesan* même ; le surplus, par Bloemaert, C. Cort, Andrea Mendolla, Bonasone, Versterman, Hollar & autres.

Cet œuvre mérite attention, par la difficulté qu'il y auroit à en composer un semblable.

142. Trente-ſix morceaux, tant du *Parmeſan* même, que d'après lui; ce ſont les doubles de l'article précédent.

Jean Lanfranc.

143. Neuf ſujets du nouveau Teſtament, & autres ſujets pieux.

144. Le martyre des Apôtres, par *Paolo Petrini*, en douze morceaux, compris le titre; & la loge de Saint Pierre au Vatican, en dix-ſept pieces, parceque la ſeconde manque.

145. Les douze Apôtres, gravés par de Louvemont; quatre angles, & une ſuite de ſeize figures.

146. La Coupole de l'Egliſe de Saint André *della Valle*, par Carlo Ceſio, en huit pieces. Les quatres angles de la maiſon profeſſe des Jéſuites à Naples, par Roullet; & quatre autres eſtampes.

147. *Deorum Concilium in Pineis; Burgheſianis, Hortis, &c.* en neuf eſtampes, par P. Aquila.

148. Le triomphe d'un Empereur Romain, gravé par Lanfranc; épreuve avant l'adreſſe de Jacomo Roſſi, & dix autres pieces,

149. La Vie de Saint Bruno en vingt morceaux, par Théodore Cruget.

Ecole de Bologne.

François Primatice.

150. Un œuvre en deux porte-feuilles, contenant trois cents soixante-une estampes ; il s'en trouve dans ce nombre quelques-unes de Maîtres qui ont travaillé à Fontainebleau.

Louis Carrache.

151. Cinquante estampes gravées par Brisio, Olivier Gatti, Coriolanus, Louis Carrache même, & autres.

Annibal Carrache.

152. Quatorze estampes de l'ancien & du nouveau Testament.

153. Douze autres sujets du nouveau Testament, dont la Samaritaine, gravée par Carle Maratte ; N. S. au Jardin des Olives, par Vorsterman.

154. Un Christ mort, sur les genoux de la Vierge, accompagnée des

trois Maries ; grande piece, gravée par Roullet, belle épreuve ; N. S. en croix, par Bloemaert ; & quatre autres eſtampes.

155. Une eſtampe, connue ſous le nom de la Sainte Famille aux Lunettes, gravée par Corneille Bloemaert, très belle épreuve & brillante.

156. Vingt eſtampes, preſque toutes repréſentent des ſujets de Vierge.

157. Une Sainte Famille, dite le Silence, gravée par Etienne Picart, & deux autres par Poilly.

158. Quinze différents ſujets de Sainteté.

159. Douze autres.

160. Vingt-cinq eſtampes, tant grandes que petites.

161. Suſanne & les Vieillards, eſtampe inventée & gravée par Annibal Carrache, belle épreuve.

162. Trois différentes épreuves de la petite Crêche, deux ſont avant les noms de Nicolas Van Aelſte ; une Adoration avant les noms d'Annibal & de Juſtus Sadeler, la même piece avec ces noms ; deux d'une deſcente de Croix, & deux de la

Vierge à l'Ecuelle : toutes ces eſtampes ſont de la main d'Annibal Carrache. Article intéreſſant.

163. Cinq belles eſtampes, gravées auſſi par Annibal, dont une Sainte Famille, où Saint Joſeph tient un livre.

164. L'aumône de Saint Roch, gravée par le Guide, cette épreuve eſt avant le nom d'Annibal, celui de Stephanus & l'année, très belle & rare. Plus, la Samaritaine, par François Bricci.

165. La même eſtampe de l'aumône de S. Roch, avec les noms & l'année, bonne épreuve ; & huit autres ; dont pluſieurs gravées par Annibal.

Auguſtin Carrache.

166. L'*Ecce Homo*, d'après le *Correge*, fort beau d'épreuve.

167. Le Calvaire en trois feuilles, ſans être aſſemblées, d'après le *Tintoret*, beau d'épreuve.

168. Le mariage de Sainte Catherine, grande piece en hauteur, d'après *Paul Veroneſe*, ſuperbe épreuve, & la même compoſition en contre-

partie, aussi belle épreuve; le tableau est au grand Autel de l'Eglise de Sainte Catherine, à Venise.

169. Autre mariage de Sainte Catherine, plus petite piece que la précédente, épreuve de considération, aussi d'après *Paul Veronese.*

170. Le martyre de Sainte Justine en deux grandes feuilles, d'après Paul Veronese, belle épreuve.

171. La Vierge, entre Saint Jérôme & la Madeleine, d'après le Correge, épreuve avant ces mots: *Venetiis, Donati Rascicotti formis.*

172. La même estampe avec l'adresse. Plus, la piece dite le Cordon de Saint François; cette derniere n'est pas commune.

173. Une Sainte Famille, sur un piédestal, au bas duquel sont Saint Antoine & Sainte Catherine, belle épreuve. Le tableau peint par Paul Veronese est dans l'Eglise de Saint François de la Vigne, à Venise.

174. La Vierge au manteau; la Vierge au croissant, d'après *Ligozio;* Tobie accompagné de l'Ange, d'après *Raphael da Regio*, belles épreuves;

& Saint François aux Stigmates.

175. Un Christ mort, auquel un Ange tient la main ; N. S. en croix, la Vierge est au pied & deux saintes femmes ; ces deux estampes, d'après Paul Veronese, sont belles épreuves.

176. Saint Jérôme, d'après *Vanius* ; Saint Simon, martyr de Trente, d'après *Galitia*, & le portrait du Titien, avec l'écriture au haut de la planche, anciennes épreuves, belles.

177. Saint Antoine tourmenté par les démons, composé par le *Tintoret*, épreuve ancienne.

178. Le grand Saint Jérôme, d'après un tableau de *François Francia*, qui est dans l'Eglise de Saint Joseph, hors des murs de Bologne ; la même estampe avant la planche finie, & & une copie par C. Galle.

179. Saint Jérôme dans sa pénitence, la Vierge & des Anges lui apparoissent ; cette estampe est vigoureuse épreuve.

180. Le grand Saint François de *Vanius*, très beau d'épreuve.

181. Mercure & les Graces; la Sageſſe accompagnée de la Paix & de l'Abondance; un Enfant qui rit de voir un ſinge qui ſe ſert de la patte du chat pour tirer les marons du feu, piece très rare; & un payſage dans lequel on remarque pluſieurs hommes endormis après avoir mangé; ces quatre eſtampes ſont belles épreuves.

182. Deux épreuves du *Prete-Jean*, Roi d'Ethiopie, dont une avant les fonds; le petit Comédien; *omnia vincit amor*, original & copie.

183. La Roſe; les Culbuteurs; douze morceaux de la ſuite des petites femmes, & ſix autres eſtampes.

184. La ſuite des figures pour la Jéruſalem délivrée, du Taſſe, édition de Genes, 1617, en vingt-deux pieces.

185. Des portraits & autres morceaux au nombre de vingt-ſix, pour l'hiſtoire de Crémone, d'*Antonio Campo*.

186. Quinze eſtampes, tant titres qu'armoiries; il s'en trouve de fort rares.

187. Quinze autres, dont plusieurs très rares.

188. Soixante-trois morceaux du livre à dessiner, & cinq autres.

189. Les Apôtres en quinze pieces, & vingt autres estampes.

190. Rachel, d'après Denis Calvart; l'Eventail & autres morceaux, en tout neuf.

191. Douze sujets de Vierge & de Saints; le Jonas, & le chien, rares.

192. L'Adoration des Mages, d'après *Baltasar Peruci*, & seize autres estampes, tant des Carrache que d'après eux.

193. Les cris du Carrache, en quarante-une pieces, gravés par Mitelli; cette suite est avant les numéros. Plus, le portrait du Carrache par Vermeulen.

194. Une pareille suite, aussi de Mitelli, avec les numéros.

195. Vingt-une estampes, gravées par *Annibal* & *Augustin Carrache*.

196. Douze autres d'*Augustin Carrache*.

Guido Reni.

197. Le portrait du Guide, par *Floriano del Buono*, & quarante-deux eaux-fortes, preſque toutes gravées par le *Guide* même.

198. Deux eaux-fortes du Guide, & vingt-une autres eſtampes.

199. Une Nativité dans une bordure de forme octogone, épreuve avec les deux Anges, & la fuite en Egypte, gravées par François Poilly.

200. Neuf ſujets du nouveau Teſtament.

201. Sept eſtampes, dont la Vierge regardant avec admiration l'Enfant Jeſus endormi, gravée par Corneille Bloemaert.

202. Seize autres ſujets de Vierge.

203. Des Saints, des Saintes, & autres ſujets : en tout dix-ſept pieces.

204. Vingt ſix autres.

205. L'Aurore, grande piece en travers, gravée par Frey ; & les travaux d'Hercule en quatre morceaux, par Gilles Rouſſelet.

206. Les travaux d'Hercule, en plus petit ; & quatorze autres eſtampes

gravées par Lorenzini, Théodore della Croce, & autres bons Graveurs.

207. Méléagre & Atalante, & quinze clair-obſcurs, dont la chûte des Géants, en quatre feuilles, par Barthelemi Coriolan.

Simon Cantarini & la Sirani.

208. Vingt-quatre petits morceaux gravés à l'eau-forte.

Dominique Zampieri, dit le Dominiquain.

209. Six belles eſtampes, dont Adam & Eve du Cabinet du Roi, par Baudet.

210. Huit autres.

211. La Communion de Saint Jérôme, par Frey, Farjat & Céſar Teſta, & ſix autres eſtampes.

212. Vingt-une eſtampes, dont le martyre de S. Grégoire, par Carle Maratte, & celui de Sainte Cecile, par *Paſqualinus*.

213. Vingt-ſept ſujets & payſages, beaux d'épreuve, dont les Fables de Diane, gravées par J. H. Frezza.

214. Eſther; Judith; David & Salomon ſur ſon Trône, par Frey; les mêmes eſtampes, par G. Audran, & ſeize autres pieces.

215. Les quatre angles qui ſont peints à Saint André della Valle, gravés par *Pietro del Po*; un Concert, de Picart le Romain; Enée ſauvant ſon pere Anchiſe, par G. Audran; & un ſujet de trois enfants.

216. Quinze eſtampes, gravées par différents Maîtres.

Jean François Barbieri, dit le Guerchin.

217. Vingt-deux eſtampes, gravées par Paſqualinus & François Curti.

218. La Vierge avec l'Enfant Jeſus, dans une bordure ronde, par Poilly; un ſujet de deux enfants, gravé à l'eau forte, par le Guide; & ſix autres pieces par différents Graveurs.

219. Vingt-ſix payſages, par G. Penna & le Comte de Caylus, d'après le *Guerchin* & *Gennari*.

François Albane.

220. Quatorze ſujets du nouveau Teſtament.

221. Les quatre Eléments, par Baudet; & cinq autres eſtampes.

222. L'Hiſtoire de Vénus en quatre eſtampes, par B. Audran, anciennes & belles épreuves.

223. Une pareille ſuite, & les quatre Eléments.

224. L'Hiſtoire de Vénus, en quatre grandes pieces, par Etienne Bauder, anciennes épreuves.

225. La galerie de Veroſpie en ſeize morceaux, par Frezza.

226. Quatorze eſtampes du *Dominiquain*, *Albane*, *Tiarini*, & autres Maîtres de l'Ecole de Bologne.

ECOLE VÉNITIENNE.

227. QUINZE morceaux, d'après *Jean Bellin*, *Palme* le vieux, *Giorgion* & autres.

228. Dix-neuf ſujets, Payſages & Portraits, d'après *le Giorgion*, dont pluſieurs par Hollar; & un Portrait d'après *Sébaſtien del Piombo*.

229. Soixante & douze eſtampes, gravées d'après *les Palme*; & un livre

à dessiner de *Jacques Palme*, dit le jeune.

Tiziano Vecelli, dit le Titien.

230. Vingt sujets de l'ancien & du nouveau Testament, gravés par André Zucchi, C. Cort, Lorenzini & autres.

231. Jesus-Christ à table avec les Pélerins d'Emaüs, par *Antoine Masson*; & J. C. présenté au peuple, grande piece, gravée par Hollar, belle épreuve. Ridolfi, *fol.* 154, nous annonce que le Titien fit le tableau pour Jean Anne, son ami & son compere; il s'est servi du portrait de Charles V & de Soliman.

232. Dix-neuf estampes, dont plusieurs gravées par Martin Rotta.

233. Seize sujets, tant de Vierge que de Saints, la plupart gravés par Magolli, Théodore della Croce, Bloemaert & autres.

234. Vingt-six autres, dont deux sujets de Vierge, par Bloemaert.

235. Quarante estampes.

236. Les Amours des Dieux, en neuf pieces, non compris le titre, gra-

vées par Jean Smith, très belles épreuves.

237. Vénus & Danaé, en deux belles estampes, gravées par Robert Strange, parfaites épreuves.

238. Dix-huit sujets de la Fable & autres, dont plusieurs par C. Cort.

239. Vingt-huit autres.

240. Trente-trois estampes, par différents Graveurs.

241. Quatorze portraits, dont celui du Titien avec l'écriture au haut de la planche, gravé par Augustin Carrache.

242. Les Empereurs & les Impératrices, en vingt-quatre pieces, par Sadeler. Plus, vingt-deux portraits.

243. Quatre portraits, très beaux d'épreuve, & sans lettre, dont celui du Giorgion & de l'Arétin.

244. Vingt-deux portraits, dont plusieurs gravés par Laurenzini & della Croce.

Paul Calliari, dit Paul Véronese.

245. Treize sujets de l'ancien & du nouveau Testament, gravés par

Piccioni, Matham, Mitellus, Hollar & autres.

246. Plusieurs Adorations des Bergers; Présentations au Temple, & autres sujets, par des Graveurs Italiens.

247. Le Repas de N. S. chez le Pharisien, grande piece en travers, en trois morceaux assemblés, gravée par Saenredam.

248. Douze estampes, dont les Noces de Cana, en deux grandes feuilles, par Jean-Baptiste Vanni; & N. S. en croix, par Augustin Carrache.

249. Les deux différentes compositions du Mariage de Sainte Catherine; la Sainte Famille; Saint Antoine & Sainte Catherine; & le martyre de Sainte Justine: ces quatre estampes sont d'Augustin Carrache.

250. Des sujets de Vierge, & sujets pieux, en tout vingt-cinq.

251. Seize autres estampes.

252. Douze différents sujets, plusieurs sont gravés par Zucchi.

253. Vingt-cinq, par Wisscher, Vorsterman, Lefevre de Venise, &c.

Jacques Robusti, dit le Tintoret.

254. Le portrait du Tintoret, gravé par Alexandre Victorio Classicio, & onze sujets de l'ancien & du nouveau Testament.

255. Douze du nouveau Testament, dont un massacre des Innocents, gravé par Gilles Sadeler, & la multiplication des Pains, par Lucas Kilian.

256. Le Calvaire, par Augustin Carrache, & huit autres estampes.

257. Douze estampes, dont la Vierge au manteau, par Augustin Carrache; deux descentes de Croix, par Sadeler & Wisscher.

258. Dix-huit sujets de Sainteté, & des portraits, par Augustin Carrache, Matham, Zucchi, Marcenay de Ghuy, &c.

259. Mercure & les Graces; la Sagesse accompagnée de la Paix & de l'Abondance, par Augustin Carrache, très bonnes épreuves, & sept autres estampes.

Jacques Bassan.

260. Les quatre Saisons ; les pieces dites les Cuisines & autres morceaux, en tout seize, gravés par les Sadeler.

261. Dix grandes estampes, le plus grand nombre, gravé par Lorenzini.

Différents Maîtres.

262. Seize estampes d'*André Schiavon*, & vingt de *Battista Franco.*

263. Vingt-quatre autres de *Battista* & *Jachomo Franco*, & cinq de *Paris Bordon.*

264. Trente estampes, la plupart du *Padouan*, *Polidor de Venise*, *B. Franco*, *Venetiano* & *Lotti.* Plus, un livre à dessiner d'*Odoardo Fialetti*, en trente quatre morceaux.

265. Trente-huit autres, de *Carpioni* & *Zelloti.*

266. Quinze, dont plusieurs gravées par *F. A. Lorenzini.*

ECOLE GÉNOISE, NAPOLITAINE ET ESPAGNOLE.

267. VINGT-QUATRE eſtampes de *Benedette Caſtiglione*, dont une ſuite de petites têtes, & deux payſages gravés par lui-même. Plus, le livre à deſſiner de *Paul Matei*, en trente-deux morceaux.

268. Quatre-vingt-ſeize morceaux de *Salvator Roſa*, dont une ſuite de ſoldats en ſoixante-deux pieces; ſix friſes; & dix-ſept grands & moyens ſujets, gravés par *Salvator Roſa* lui-même.

269. Les Soldats en ſoixante morceaux; deux friſes; & quatorze grandes & moyennes pieces, gravées par *Salvator Roſa.*

270. Onze eſtampes inventées & gravées par *Joſeph Ribera*, dit *l'Eſpagnolet*, dont l'ivreſſe de Bacchus, double avec différence; le portrait de Don Juan d'Autriche, peu commun, toutes belles épreuves, & quatre d'après ce Maître.

271. Cinq eſtampes de l'*Eſpagnolet*, doubles du précédent article, & une ſuite des douze ſoldats qui a pour titre : *Capricci e habiti militari di Philippo Deliagno Napolitano.*

Eſtampes des différentes Ecoles d'Italie.

272. Vingt eſtampes, d'après *Raphael* & *Michel Ange*, gravées par Auguſtin Vénitien, George Mantuan & autres.

273. Trente-ſix autres, dont pluſieurs d'après *Raphael.*

274. Quinze eſtampes, d'après *Raphael Jules Romain* & autres, gravées par d'anciens Maîtres, belles épreuves.

275. Quarante-neuf pieces, dont pluſieurs gravées par Marc Antoine & Simon de Ravenne, d'après *Raphael.*

276. Trente-cinq eſtampes de Marc Antoine, & autres Graveurs anciens, pluſieurs belles épreuves.

277. Vingt autres, d'après différents Maîtres.

278. Quarante-cinq, de Marc Antoine, Auguſtin Vénitien, Simon

de Ravenne & quelques autres.

279. Vingt-trois autres, gravées par différents Italiens, toutes belles épreuves.

280. Quinze eſtampes, dont pluſieurs de *Pontorme*, *Léonard de Vinci*, *André del Sarte*, & *Zuccaro*, gravées par Hollar, D. Picchri, Thomaſſin.

281. Vingt-quatre eſtampes de Simon de Ravenne, Bonaſone & autres.

282. Vingt-deux beaux morceaux d'anciens Maîtres, dont pluſieurs gravés par George Mantuan; entre autres la Réſurrection des morts.

283. Quarante-un autres, preſque tous gravés par le *Parmeſan*.

284. Quarante-huit eſtampes, d'après le *Georgion*, *Faënzonius*, & autres bons Maîtres.

285. Trente autres, dont pluſieurs de *Michel Ange*, & *Baccio Bandinelli*.

286. Trente eſtampes de différents Maîtres.

287. Trente-deux autres, dont partie du *Pomerange* & *Salviati*.

288. Les Empereurs & Impératrices en vingt-quatre morceaux, par Sade-

ler ; & quatorze autres estampes d'après le *Titien.*

289. Cinquante estampes de *Michel Ange de Caravage*, *Raphael Schiaminosi*, *Fetti*, *Coza* & autres.

290. Dix estampes, gravées par *Augustin Carrache*, dont l'*Ecce Homo* d'après le *Correge*, & S. Simon, martyr de Trente.

291. Six estampes du *Carrache*, dont la Sainte Famille aux Lunettes, gravée par Corneille Bloemaert ; belle épreuve.

292. Vingt bonnes estampes, dont plusieurs gravées par *Augustin Carrache.*

293. Quinze autres, dont le plus grand nombre est d'après le *Guide* & *Dominiquain.*

294. Trente trois estampes, du *Correge*, *Lanfranc* & *Guide*, dont l'Aurore, par Frey.

295. Trente-huit estampes de *Battista Franco* & autres.

296. Trente-deux, du Titien, Parmesan, *Ribera*, Villamene, &c.

297. L'Aurore du *Guide*, par Frey ; la Cene, par Saenredam, d'après *Paul*

Paul Veronese, & six autres estampes.

298. Soixante estampes de frises & petits sujets, gravées par *Odoardo Fialetti*.

299. Dix-neuf estampes de *Pietre de Cortone*, *Cyro Ferri*, *Carle Maratte* & autres.

300. Quatorze autres, d'après *Carle Maratte*.

301. Douze estampes, gravées par Lorenzini & Nogalli, d'après *Alexandre Véronese*, *Bartolomeo della Porta*, *Cigoli* & autres.

302. Dix-sept estampes, dont plusieurs d'après le *Palme* & *Salviati*.

303. Neuf, d'après différents Maîtres.

304. Trente-trois estampes, gravées par Adam Ghisi, & George Ghisi, dit les Mantuan, & par d'autres Maîtres.

305. Saint François en priere ; la piece dite les Gourmeurs, & une suite de six figures grotesques, par *Villamene* ; le tout beau d'épreuve.

306. Vingt-quatre estampes de *Villamene* & autres.

307. Dix-huit autres, de différents bons Maîtres.

308. Vingt-une eſtampes, du *Titien*, *André Vicentino*, *Paul Veroneſe*, *Luc Jordano*, & autres.

309. Vingt-une, de *Cangiage*, *Scaminozzi*, *Borgiani*, *Jeroſme Imperiali*, &c.

310. Cinquante-trois eſtampes, dont pluſieurs de *Grimaldi*, *Alexandre Badiali*, *Oratio Borgiani.*

311. Quatorze eſtampes, d'après le *Baſſan*, par Sadeler & autres.

312. Une Sainte Famille, inventée & gravée par *Schiedon*, & quarante-deux autres eſtampes.

Ecole Flamande.

Pierre Paul Rubens.

313. Deux chûtes des Anges rebelles; Loth ſortant de Sodome, deux compoſitions différentes de Loth enivré par ſes filles, celle qui eſt gravée par W. de Leeuw eſt avec le nom de C. Danckerts; Job tourmenté

par sa femme & par les diables (numéros 1, 2, 3, 4, 5, 7, pages 1, 2, 3 du Catalogue de l'œuvre de Rubens, par François Basan).

314. Melchisedech présente du pain à Abraham ; Melchisedech & Abraham, Jac. Neef *sculp.* Gaspard Huberti *ex. Antuerpiæ* ; Sacrifice d'Abraham, Stock *sculp.* Hondius *ex.* Réconciliation de Jacob & d'Esaü, Per. de Balliu *sculp.* Romboudt Van de Velde *excud.* très belles épreuves (numéros 10, 11, 12, 14, pages 3 & 4 du Catalogue de F. Basan).

315. Le Serpent d'airain, S. à Bolswert *sculp. Antuerpiæ*, superbe épreuve avant l'adresse de Gillis Hendricx (n°. 16, page 5).

316. Samson dormant sur les genoux de Dalila ; David qui coupe la tête à Goliath ; Abigail venant fléchir la colere de David, Adr. Lommelin *sculp.* avec l'adresse de Gillis Hendricx, beau d'épreuve ; Jugement de Salomon aussi beau d'épreuve (numéros 19, 22, 23, 24, pages 6 & 7).

317. Sennacherib. P. Soutman *effigia-*

vit & excud. Elie dans le désert, Coenr. Lauwers *sculp. & ex.* La même composition en petit, par Pannels (numéros 25, 26 & 26 *bis*, pages 7 & 8). Ces trois estampes sont belles épreuves.

318. Judith qui coupe la tête à Holopherne, Cornellius Galle *sculp. & ex.* épreuve avant l'adresse de Collaert ; Judith qui met la tête d'Holopherne dans un sac, Alex. Voet. *junior sculp. & ex.* sans le nom de Corn. Galle, bonnes épreuves (numéros 27 & 28, page 8).

319. Daniel dans la fosse aux lions, W. de Leeuw *fecit*, parfait d'épreuve avant le nom de Danckerts (n°. 30, page 9).

320. Susanne surprise par les Vieillards, Lucas Vorsterman *sculp.* épreuve peu colorée, mais d'une grande netetté ; le même sujet différemment composé, P. Pontius *sculp.* beau d'épreuve ; autre Susanne en taille de bois, Christoffel Jegher *sculp.* premiere épreuve (numéros 33, 34, 36, page 10).

321. Le mariage de la Vierge, S. à Bolswert *sculp.* Gillis Hendricx *ex.*

Annonciation par le même, Martinus Vanden Enden *excud. Antuerpiæ.* Visitation, Petrus de Jode *junior sculp.* belles épreuves (numéros 1, 3, 4, pages 11 & 12).

322. La Nativité, gravée par Lucas Vorsterman, très belle épreuve (n°. 5, page 12).

323. La Nativité, gravée par Lucas Vorsterman; autre Nativité par S. à Bolswert, avec l'adresse de Martin Vanden Enden, & une troisieme estampe du même sujet, P. Pontius *sculp.* Gillis Hendricx *excudit* (numéros, 6, 7, 10, pages 12 & 13).

324. Une Nativité, avec le nom de S. à Bolswert. *Antuerpiæ*, & sans le nom de Corn. Van Merlen; une Adoration des Rois, Nic. Rickmans *sculp. & exc.* très belle épreuve (numéros 11, 12, pages 13 & 15).

325. Une Nativité & l'Adoration des Rois, par Panneels; trois autres Adorations, par Lauwers & Lommelin (numéros 8, 16, 17, 20, pages 13, 15, 16).

326. Deux Adorations des Rois, par Lucas Vorsterman; la Circonci-

sion, Adr. Lommelin *sculp.* & deux fuites en Egypte (numéros 22, 23, 29, 30, pages 17, 18, 19).

327. Fuite en Egypte, gravée par Marinus (n°. 26, page 18).

328. Massacre des Innocents en deux feuilles, par Paul Pontius, très beau d'épreuve.

329. Le denier de César; la pêche du poisson pour payer le tribut, & deux pêches miraculeuses (numéros 43, 44, 47, 48, pages 22 & 23), anciennes épreuves.

330. Présentation au Temple; J. C. donnant les clefs à Saint Pierre, par P. de Jode Mart. Vanden Enden *ex.* La Madeleine chez le Pharisien, gravée par Michel Natalis, & la même composition en petit, par Panneels (numéros 34, 49, 55, 56, pages 20, 23 & 25).

331. Le Baptême de J. C. Tentation dans le désert; le bourreau donnant la tête de Saint Jean à la fille d'Hérodiade; le festin d'Hérode; priere au jardin des Olives; une flagellation & un *Ecce Homo* (numéros 36 *bis*, 37, 39, 41, 66, 70, 72, pages 20, 21, 27, 28).

332. La résurrection du Lazare, gravée par Bœtius à Bolswert ; & la Cene par le même Bolswert, épreuve très belle avant l'adresse d'Huberti (numéros 61, 62, page 26).

333. La Cene, de Léonard de Vinci, gravée par Soutman, d'après un dessein de Rubens (n°. 64, p. 26).

334. *Ecce Homo* ou J. C. devant Pilate, beau d'épreuve, avec ces mots, Nic. Lauwers *sculp.* & un portement de croix, gravé par P. Pontius (numéros 74, 75, page 29).

335. Elévation en croix, en trois feuilles, gravée par H. Witdouc (n°. 78, page 30).

336. Cinq Christ, & un Christ entre les deux Larrons, épreuve postérieure (numéros 81, 82, 83, 84, 85, 86, pages 30, 31).

337. Un Christ entre les deux Larrons, gravé par Bolswert, très beau d'épreuve (n°. 87, page 31).

338. Le Christ aux coups de poing, gravé par P. Pontius ; un Christ & la ville de Jérusalem, S à Bolswert *sculp.* Gillis Hendrix *ex.* Descente de Croix, par Clouvet (numéros

89, 93, 97, pages 32, 33 & 34).

339. Deux épreuves de J. C. mort sur les genoux de la Vierge, & un Saint François à côté, l'un est avant la planche entiérement finie, l'autre est avec l'écriture, P. Pontius, *æri incidit*; & la même composition, gravée par S. à Bolswert (numéros 101, 102, page 35).

340. Quatre descentes de Croix (numéros 98, 99, 100, 105, pages 34 & 35), celle du n°. 99 est avant l'adresse de *Corn.* Van Merlen. Plus, J. C. au tombeau (n°. 106, p. 36).

341. Deux différentes compositions de J. C. au tombeau, & deux Résurrections original & copie (numéros 107, 108, 109, page 36). Plus, l'apparition des Anges aux saintes femmes, par Lucas Vorsterman (n°. 111, page 37).

342. J. C. à table avec les Pélerins d'Emaüs, & deux autres compositions du même sujet. Plus, une Assomption (numéros 114, 115, 116, 118, pages 38 & 39).

343. La descente du Saint Esprit, P. Pontius *sculp.* épreuve très vigoureuse & ancienne.

344. Trois différentes compositions de la Sainte Trinité ; une chûte des Réprouvés, & le jugement dernier, en deux feuilles, par C. Wisscher, épreuve avec l'adresse de Soutman (numéros 120, 121, 123, 124, 125, pages 39 & 40).

347. Deux chûtes des Réprouvés ; l'une par Soutman, avant l'adresse de Phil. Bouttal *junior*, l'autre est gravée par Suyderhoef ; toutes deux sont belles épreuves, & rares ainsi.

346. Les quatre Evangélistes ; les quatre Peres de l'Eglise ; le même sujet différemment composé ; les Peres de l'Eglise, & Sainte Claire au milieu d'eux (numéros 128, 2, 3, 4, pages, 41, 42, 43).

347. La destruction de l'Idolâtrie ; le triomphe de la nouvelle Loi ; le triomphe de l'Eglise par l'Eucharistie; le Temps qui découvre la Vérité & qui terrasse l'Hérésie (numéros 6, 7, 8, 10, pages 44 & 45).

348. Une tête de Christ dans un ovale ; l'Immaculée Conception ; deux Assomptions, par S. à Bolswert, Gillis Hendricx *excudit* (numéros

25, 1, 4, 5, pages 49, 50, 51.

349. Aſſomption, gravée par H. Witdouc, très belle épreuve avant l'adreſſe de Corn. Van Merlen.

350. Deux Aſſomptions; deux couronnements de la Vierge; couronnement de la Vierge par deux Anges au milieu de beaucoup d'autres; la même compoſition ſans nom de Graveur (numéros 12, 13, 15, 16, 18, 19, pages 53 & 54).

351. Neuf ſujets de Vierge (numéros 25, 29, 30, 32, 33, 34, 35, 36, 44, pages 55, 56, 57, 58 & 60).

352. Sept Saintes Familles (numéros 46, 47, 48, 50, 52, 56, 58, pages 60, 61, 62, 63, 64).

352. La Sainte Famille, gravée par Panneels; une autre par Laſne, rares; autre par Lucas Vorſterman; une autre, S. à Bolſwert *ſculp.* belle épreuve avant l'adreſſe.

353. Cinq Saintes Familles; une Vierge dans une niche; la Sainte Vierge à genoux & ſoutenue par des Anges; & un autre ſujet de Vierge (numéros 44 *bis*, 53, 54, 55, 63, 64, 65, pages 60, 62, 63, 65, 66).

354. Un ſujet de Vierge, & ſept ſujets de Saints (numéros 67, 1, 2, 9, 10, 11, 14, pages, 66, 68, 70 & 71).

355. Quatre ſujets de Saints (numéros 15, 16, 24, 36, pages 71, 73, 77), & la converſion de Saint Paul, gravée par S. à Bolſwert.

356. Quatre ſujets de Saintes, dont une Sainte Catherine, gravée à l'eau forte par Rubens (numéros 15, 16, 21, pages 83, 84).

357. Neuf ſujets de Saints (numéros 18, 19, 20, 25, 27, 31, 35, 37, 40, 42, pages 72, 73, 74, 75, 76, 77 & 78).

358. Cinq ſujets de Saints & de Saintes (numéros 44, 47, 48, 6, 13, pages 78, 79, 81 & 83).

359. Sept ſujets de Saintes, dont Sainte Thereſe aux pieds de J. C. belle épreuve ſous l'adreſſe de Martin Vanden Enden (numéros 7, 24, 26, 27, 28, 33, pages 82, 85, 86 & 87); & Saint François à genoux, par Gio Dom°. Picchianti.

360. Neuf ſujets de la Fable (numéros 2, 3, 10, 14, 15, 16, 17, 36,

37, pages 89, 90, 92 & 97.

361. Six sujets de la Fable, dont Vénus sur les eaux, par Soutman; & le même sujet par P. de Jode, rares (numéros, 21, 22, 42, 43, 52, pages 93, 98, 100).

362. Sept autres sujets de la Fable, dont Psyché, par Panneels, rares; & un Satyre accompagné d'une Bacchante tenant une corbeille pleine de raisins & d'autres fruits : cette estampe est très rare à trouver, aussi belle d'épreuve (numéros 5, 34, 38, 44, 48, 62, pages 89, 96, 97, 99, 103).

363. Cinq sujets de la Fable (numéros 58, 61, 63, 64, 66, pages 102, 103).

364. Le combat des Amazones, en six feuilles, gravé par Lucas Vorsterman, très beau d'épreuve (n°. 1, page 105.

365. Six sujets historiques (numéros 3, 5, 6, 7, 8, 9, pages 105, 106, 107); & une conversation entre plusieurs Amants, gravée en deux feuilles par C. Jegher (n°. 38, page 115).

366. Une semblable composition de la conversation entre plusieurs Amants, son titre porte, *Venus Lusthoff*, gravée par Clouet, très belle épreuve, rare (n°. 39, page 115).

367. Huit sujets (numéros 20, 21, 34, 35, 36, 53 *bis*, 56, 63, pages 110, 114, 115, 120, 121, 124).

368. L'alliance de la mer & de la terre, épreuve avant l'écriture ; une femme qui tient d'une main un pot à anse, & de l'autre une chandelle, &c. Un dessus de these. Ces trois pieces sont belles & anciennes épreuves, rares. (numéros 28, 45, 65, pages 112, 118 & 124).

369. Quatorze portraits (numéros 1, 4, 5, 10, 16, 17, 19, 20, 25, 26, 43, 44, 45, pages 128, 129, 131, 133, 134, 136 & 142).

370. Dix autres (numéros 15, 27, 28, 58, 66, 68, 80, 84, 86, pages 133, 136, 137, 146, 148, 149, 153 & 154).

371. Le portrait de Rubens dans une bordure cintrée, gravé par P. Pontius, & treize autres portraits (numéros 48, 61, 62, 63, 64, 67,

71, 75, 77, pages 143, 147, 148, 150, 152).

372. Soixante-ſix eſtampes, bas-reliefs & autres morceaux d'Antiquités.

373. Les douze buſtes de Philoſophes & d'Empereurs (n°. 6, page 163), beaux d'épreuve.

374. Quarante-un titres de livres.

375. N. S. la Vierge, Saint Jean & les douze Apôtres, par Galle & Bolſwert (n°. 1, page 198); & un cours d'eſtampes pour des Miſſels en onze morceaux (n°. 5, page 199).

376. Cent trente-deux eſtampes, appellées communément velins. Nous ne les donnons pas toutes pour être de Rubens; mais comme elles ſe trouvent dans cet Œuvre, nous les y laiſſons ſubſiſter.

377. Six morceaux de l'Hiſtoire d'Achille, par *Franc Ertinger*, & la même hiſtoire complette, en huit pieces, gravées par Baron (numéros 10, 11, pages 213 & 214).

378. Les quarante-deux eſtampes de l'entrée du Prince Ferdinand, Cardinal, Infant d'Eſpagne, en la ville

d'Anvers ; il devroit y en avoir quarante-trois, mais la ſeptieme manque (n°. 17, page 222).

379. Dix chaſſes. La premiere, 3, 4, 5, 6, 7, 8, 10, 11 & 12, du n°. 21, page 231. La quatrieme, la ſixieme, la huitieme & la dixieme, ſont avant l'adreſſe de C. Van Merlen, par conſéquent eſtimables.

380. Une ſuite de ſix grands payſages, dont cinq gravés par Bolſwert, le ſixieme par Clouet, très beaux d'épreuve (n°. 26, page 234).

381. Seize petits payſages de la ſuite de vingt (n°. 27, page 236). Le deuxieme & quatrieme payſages gravés par Lucas van Uden (n°. 28, page 239). Une étude de lion ; une de deux tigres ; un combat de dragons (numéros 35 & 36, page 243), & la premiere, ſeconde & quatrieme du n°. 16, page 221. Toutes ces eſtampes ſont belles épreuves.

382. Vingt-deux morceaux du livre à deſſiner.

Eſtampes doubles de l'Œuvre de Rubens, & quelques pieces qu'on lui attribue.

383. Loth ſortant de Sodome ; Sacrifice d'Abraham ; Réconciliation de Jacob & d'Eſaü, par Baillu, belle épreuve avant l'adreſſe de Gaſpar de Hollander ; le Mariage de la Vierge, par Bolſwert ; Nativité & Adoration des Rois, par Panneels, anciennes épreuves.

384. Repos en Egypte, où trois Anges s'amuſent avec un mouton, gravé en bois par C. Jegher ; fuite en Egypte ; la grande Pêche miraculeuſe, par Bolſwert ; tentation de J. C. dans le déſert ; J. C. donnant les clefs à Saint Pierre.

385. Douze eſtampes, ſujets du nouveau Teſtament.

386. Quinze ſujets du nouveau Teſtament, des Vierges & des ſujets de Saints.

387. Le martyre de Sainte Catherine, gravé par W. de Leeuw, ancienne épreuve (n°. 21, page 84), & huit autres eſtampes.

388. Dix eſtampes, dont un deſſus de theſe (nº. 65, page 124).

389. Le portrait de Rubens, gravé par P. Pontius ; le triomphe de Bacchus, par Popels ; Silene ivre, ſoutenu par un Satyre & par une Négreſſe, P. Soutman *effigiavit*. Plus, cinq autres eſtampes.

390. Trente-une eſtampes, payſages, titres de livres, &c.

Antoine van Dyck.

391. Samſon livré aux Philiſtins ; *Henri Snyers ſculp. Abr. à Diepenbeke excud.*

392. Un Ange qui conduit Tobie, *C. Galle fecit*, & ſept ſujets du nouveau Teſtament, gravés par L. Franchoys, P. de Jode, P. Soutman & autres.

393. Le couronnement d'épines, gravé par S. à Bolſwert, & une bonne copie de cette eſtampe, par J. Salck. Ces deux pieces ſont belles d'épreuve.

394. Deux épreuves de J. C. en croix, à qui l'on préſente une éponge, gravées par S. à Bolſwert ; l'une qui

eſt beaucoup plus rare que l'autre ; eſt celle dans laquelle on remarque Saint Jean qui met la main ſur l'épaule de la Vierge.

395. N. S. entre les deux latrons, grande piece en hauteur ; deux épreuves d'une élévation de Croix, dont une avant les mots de *Gillis Hendricx exc.* toutes trois gravées par S. à Bolſwert ; le Chriſt aux trois Anges, qui reçoivent ſon précieux ſang dans des calices, par Hollar, & la même compoſition gravée en maniere noire, par J. Smith.

396. Deux portements de Croix ; ſix Chriſt en croix, & trois deſcentes de Croix, gravés par S. à Bolſwert, P. de Baillu, C. Galle & autres.

397. Un Chriſt mort, appuyé ſur les genoux de la Vierge & adoré par trois Anges, belle piece en travers, gravée par Lucas Vorſterman, épreuve diſtinguée.

398. Sainte Catherine, qui embraſſe les pieds de N. S. ſur la croix, gravée par Bolſwert, épreuve ſans lettres ; deſcente de Croix en hauteur, par P. Pontius, & une autre par C.

van Caukercken.

399. Deux Deſcentes de Croix, & ſix ſujets de Sainteté.

400. Le repos en Egypte, où ſe voient des Anges qui danſent, gravé par S. à Bolſwert; & cinq ſujets de Vierge, dont trois par le même Bolſwert.

401. Dix ſujets de Vierges & autres.

402. Dix-huit autres eſtampes & une ſuite d'Apôtres, en quatorze morceaux, par Corn. van Caukercken.

403. Les deux ſujets de Renaud & Armide, grandes pieces en hauteur, l'une gravée par P. de Jode, l'autre par Baillu, épreuve premiere, belle & rare.

404. Douze eſtampes, gravées par N. Lauvers, Bary & autres.

405. Dix grands portraits & le titre, gravés par Gunſt, beaux d'épreuve.

406. Béliſaire, par Scotin; ſept portraits; deux petits ſujets, & un recueil de têtes en vingt-huit morceaux, non compris le titre, gravé par le Comte de Caylus.

407. Dix-sept estampes, dont l'*Ecce Homo*, gravé par Bolswert.

Jacques Jordaens.

408. Vingt quatre estampes de l'œuvre de ce Maître.

Seghers.

409. Une suite d'Apôtres, en quatorze morceaux, par S. à Bolswert, & sept autres estampes, très bonnes épreuves.

Corneille Schut & autres.

410. Cent vingt-une pieces, composant un œuvre de *Schut*, dont cent neuf gravées par lui-même.

411. Huit belles estampes d'après *Quellinus*, *Juste d'Egmont*, *Théodore Rombout*, *Jean van Hoeck* & *Flinck*.

David Teniers.

412. Soixante petites & moyennes pieces, plusieurs sont gravées par *Teniers* lui-même.

Les Sadeler.

413. Quarante-deux estampes des Sa-

deler, dont les douze mois de l'année en six feuilles.

Les Bloemaert.

414. Vingt différentes pieces de l'ancien & du nouveau Testament.

415. Une Sainte Famille, d'après *le Parmezan*, & une Adoration des Bergers, de *Pietre de Cortone*, très belles épreuves.

416. Neuf sujets de Vierge, dont une double avant la lettre, superbe épreuve, & deux autres pieces.

417. *Dilectus meus*, & un autre sujet de Vierge d'après le *Titien*; la Vierge adorant l'Enfant Jesus endormi, d'après le *Gnide*; & Saint Roch avec Saint Sébastien au pied d'un Autel où est la Vierge, par le *Barroche*, épreuves belles.

418. *Missale Romanum*, en huit morceaux, trois sont de Spierre, les cinq autres de Bloemaert. Plus, quatorze sujets de Vierge & de Sainteté.

419. Saint Luc qui peint la Vierge, d'après *Raphael*; Sainte Marguerite, d'*Annibal Carrache*; Saint François,

du *Guide* ; Saint Benoît, d'après *Canini*, & un Saint François avec beaucoup d'Anges ; grand morceau de *Cyro Ferri.*

420. Huit eſtampes, dont les quatre Peres de l'Egliſe, & cinquante Hermites & femmes Hermites.

421. Vingt ſix pieces différentes.

422. Méléagre qui préſente à Atalante la hure de ſanglier ; le jardin des Heſpérides ; pluſieurs beaux frontiſpices ; une ſuite de petites figures : en tout cinquante-ſix pieces.

423. Quatorze morceaux peints à Florence par P. de Cortone, & quarante petits ſujets, titres & portraits.

424. Les eſtampes du Temple des Muſes, par M. de Marolles, Abbé de Villeloin, en ſoixante morceaux, compris le titre & le portrait.

425. Tableaux des vertus & des vices, tirés ſur le deſſein des plus illuſtres fables de l'antiquité, en vingt-quatre pieces, non compris le titre.

426. L'homme à la poule ; celui avec un chat ; la muſique ; le hibou ; le chat, & ſept autres eſtampes.

427. Quatre-vingt-ſeize eſtampes,

dont quarante-huit de la galerie Juſtinienne.

428. Six pieces, dont deux du Rocher Oxius.

429. Quarante payſages & ſujets.

Pietre Nople.

430. La digue rompue, morceau de conſidération; un ſujet de la Geneſe, & neuf mois de l'année.

Gerard Layreſſe.

431. Cent quarante-quatre eſtampes, preſque toutes gravées par *Layreſſe* même; cet œuvre eſt intéreſſant par la beauté des épreuves.

ECOLE HOLLANDOISE.

Rembrandt van Rhyn.

432. DIX-HUIT petits morceaux, tous portraits de Rembrandt ou têtes qui lui reſſemblent, dont pluſieurs rares.

433. Des portraits de Rembrandt, de ſa femme, de ſa mere, & des têtes de vieilles; en tout huit eſtampes,

(numéros 8, 22, 24, 26, 318, 319, 320, 321, du catalogue de Rembrandt, composé par feu M. Gersaint).

434. Le portrait de Rembrandt, gravé dans un goût rembruni qui approche de la maniere noire, & deux différentes épreuves de ce même portrait, extrêmement rares, en ce que l'on n'y voit point de paysage au travers de la croisée. (n°. 27 du même catalogue de Rembrandt).

435. Trois portraits de Rembrandt, dont le même énoncé ci-dessus, avec le paysage au travers de la croisée. Plus sa copie (numéros 23, 25, 27).

436. Adam & Eve; Abraham reçoit les trois Anges; Agar renvoyée par Abraham; Abraham avec son fils Isaac, épreuve originale & copie; le sacrifice d'Abraham; l'échelle de Jacob; le combat de David contre Goliath; & la troisieme épreuve de la vision d'Ezéchiel (numéros 29, 30, 31, 32, 33, 34).

437. Jacob qui pleure la mort de son fils Joseph; Joseph & Putiphar; Joseph

ſeph récite ſes ſonges à ſon pere & à ſes freres : il y en a deux épreuves, dont la rare ; Aman & Mardochée, le pere de Tobie ; l'Ange qui diſparoît d'avec Tobie (numéros 35, 36, 37, 39, 41, 42), toutes très belles épreuves.

438. L'annonce aux Bergers (n°. 43); cette eſtampe eſt parfaite épreuve.

439. La pareille eſtampe, belle épreuve.

440. La premiere & ſeconde épreuve de l'Adoration des Bergers (n°. 45): une Circonciſion & trois Préſentations au Temple (numéros 47, 49, 50, 51).

441. Trois épreuves différentes d'une fuite en Egypte, dont une très rare (n°. 53) ; un repos en Egypte (n°. 57).

442. Trois fuites en Egypte dont un grand morceau compoſé dans le goût d'Adam Elzeimer, rare (numéros 52, 55, 56).

443. Une Nativité (n°. 44) ; deux différentes épreuves d'une Circonciſion (n°. 46) ; un repos en Egypte, S. Pierre, un homme qui écrit, une

Vierge & l'Enfant Jéſus, deux Saintes Familles, trois compoſitions différentes de Jéſus prêchant dans le Temple (numéros 44, 46, 58, 60, 61, 62, 63, 64, 65).

444. Deux belles épreuves de la petite Tombe, dont une ſur papier de ſoie, le tribut de Céſar, J. C. donnant les clefs à S. Pierre, l'Enfant prodigue, la Réſurrection du Lazare (numéros 66, 67, 68, 70, 74).

445. Les vendeurs chaſſés du Temple (n°. 69), deux épreuves de la Samaritaine, dont une ſur papier de ſoie (n°. 71); autre Samaritaine & la Décollation de S. Jean-Baptiſte (numéros 72 & 92), toutes belles épreuves.

446. La Réſurrection du Lazare, grand morceau ceintré, épreuve avec le bonnet ſur la tête de la figure qui eſt la plus élevée à la partie droite de l'eſtampe, très belle épreuve (n°. 74).

447. La pareille eſtampe, ancienne épreuve.

448. Notre Seigneur guériſſant les ma-

lades, grand morceau connu sous le nom de la *piece de cent florins* (n°. 75), épreuve d'une beauté inexprimable.

449. Le bon Samaritain, deux différentes épreuves, seconde & troisieme du n°. 77; Notre Seigneur dans le jardin des Olives; N. S. en croix avec les deux Larrons; N. S. crucifié, une Descente de croix (numéros 78, 81, 82, 85), belles épreuves.

450. Le bon Samaritain, premiere épreuve, belle, avec la queue blanche (n°. 77).

451. N. S. présenté au Peuple, premiere épreuve sur papier de soie (n°. 79).

452. La premiere épreuve fort rare, & la troisieme de N. S. crucifié au au milieu des deux Larrons, pieces connues sous le nom des *trois Croix* (n°. 80).

453. L'*Ecce Homo* & la descente de croix, grandes pieces, très belles épreuves avant les mots d'*Amstelodami, Hendricus Ulenburgensis excudebat* (numéros 83 & 84).

454. Deux différentes épreuves de la Deſcente de croix (n°. 86). Deux Chriſt au tombeau; deux compoſitions différentes des diſciples d'Emaüs; S. Pierre & S. Jean à la porte du Temple; le Baptême de l'Eunuque; le Martyre de S. Etienne (n°. 86, 87, 88, 90, 91, 94, 95, 98).

455. Deux belles épreuves avec différence de la mort de la Vierge (n°. 97).

456. Six différents S^ts^. Jérome (numéros 100, 101, 102, 103, 104, 106).

457. Quatre Chaſſes (n°. 113), belles épreuves.

458. La Jeuneſſe ſurpriſe de la mort, ce morceau eſt peu commun; la Faiſeuſe de koucks; un Aſtrologue; les Mendiants à la porte d'une maiſon (numéros 109, 120, 147, 170).

459. Deux différentes épreuves d'un homme méditant, l'Etoile des Rois, la petite Bohémienne Eſpagnole, un Deſſinateur; la deuxieme & troiſieme épreuve du Joueur de flûte (numéros 110, 112, 116, 128, 180).

460. Le vendeur de mort aux rats, & deux copies; le petit Orfevre, la Synagogue des Juifs, le Mariage de Creuse & de Jason, épreuve où la Junon a une couronne sur la tête; deux différentes épreuves du Maître d'école (numéros 117, 119, 122, 124, 126).

461. Trois figures orientales, l'Aveugle, le Jeu de kolef, la Fortune contraire, un Viellard avec un Enfant, l'Aveugle jouant du violon, vieillard à courte barbe, deux Mendiants, deux épreuves différentes de deux Mendiants, homme & femme; vieille Mendiante, Gueux assis sur une motte de terre, Gueux estropié (numéros 114, 115, 121, 123, 132, 137, 144, 157, 158, 164, 168, 172).

462. Figure d'un Juif à grand bonnet, & dix-huit autres petites pieces, dont un petit morceau d'étude fort rare (numéros 131, 134, 140, 141, 155, 156, 159, 161, 166, 171, 276, 277, 278, 306, 339).

463. Un Charlatan, trois figures de Paysans & Paysannes, original &

copie ; figure polonoiſe, Payſan & Payſanne marchant, Gueux aſſis au bas d'un mur, le Moine dans le jonc, Homme & femme qui piſſent (numéros 127, 129, 139, 142, 167, 179, 182, 183).

464. Deſſinateur d'après le modele, jeune Homme nud, aſſis, figure académique ; les Baigneurs, épreuve ſur papier de ſoie, figures académiques ; femme nue avec un Satyre (numéros 164, 185, 186, 187, 188, 195).

465. Deux ſecondes épreuves d'une femme nue, une contre-épreuve & la troiſieme épreuve de cette même femme (n°. 189).

466. Femmes nues, baigneuſes, la Femme à la fleche, en tout ſept eſtampes, dont trois ſur papier de ſoie (numéros 190, 191, 192, 193, 194, 196, 197).

467. Le cochon, le petit chien endormi, très rare ; & le payſage aux trois arbres (numéros 152, 153 & 204).

468. Trois payſages, dont celui appellé le *moulin de Rembrandt* (nu-

méros 201, 209, 225).

469. Trois autres, dont la campagne du peseur d'or (n°. 226).

470. Sept paysages (numéros 210, 211, 219, 224, 227).

471. Deux estampes qui sont le Docteur Faustus, & Renier Hanslo.

472. Les deux différentes épreuves du portrait d'Abraham France, annoncées par Monsieur Gersaint, & une troisieme épreuve que nous ne trouvons pas même dans le supplément. Buste de femme dite Négresse blanche (numéros 253, 324).

473. Deux épreuves du portrait de de Jean Lutma, dont celle extrêmement rare, dans laquelle on ne voit ni croisée ni bouteille (n°. 256).

474. Deux épreuves du jeune Haaring avec la tringle de fer, dont une dans laquelle est un tableau ceintré; le même portrait tronqué par le bas. La seconde épreuve du portrait de Crabbetje ou Asselin, & la troisieme épreuve dont parle M. Yver dans son supplément (numéros 255, 257).

475. Ephraïm Bonus, Médecin Juif, & la grande mariée Juive (numé-

ros 258, 311), épreuves très belles.

476. Wtenbogardus & Jean Corneille Sylvius, tous deux Ministres en Hollande, très beaux d'épreuve (numéros 359, 260).

477. Vitenbogaard, nommé en Hollande le *Pescur d'or*, & ici le *Banquier*, très beau d'épreuve (n°. 261); & une copie de ce portrait par V.B.

478. Le petit Coppenol, premiere épreuve, extrêmement rare, dans laquelle on voit, dans le fond du haut de la droite, un tableau ceintré qui s'ouvre à deux battants (n°. 262).

479. La troisieme épreuve du même Coppenol, sur papier de soie.

480. Le grand Coppenol, très beau d'épreuve, aussi sur papier de soie (n°. 263).

481. La premiere & deuxieme épreuve d'un portrait de Rembrandt dans un ovale (n°. 28); & cinq autres portraits.

482. Deux épreuves d'un portrait d'homme à barbe courte, dont une extrêmement rare (n°. 243). Un vieillard à grande barbe; un hom-

me avec chapeau à grand bord ; homme à barbe à l'escopete ; une jeune fille qui lit (numéros 272, 288, 299, 314).

483. Deux différentes épreuves d'un homme avec une chaîne & une croix, l'une est beaucoup plus travaillée que l'autre (n°. 241) ; un vieillard à grande barbe, & une copie de ce portrait ; homme de lettres, vieillard à barbe quarrée ; l'original & la copie d'un vieillard avec barbe & calotte ; le Juif Manassé (numéros 242, 244, 245, 246, 249, 266), & la premiere & seconde épreuve d'une tête orientale (n°. 266), en tout douze estampes.

484. Vingt-trois différents portraits ou petites têtes.

485. La petite mariée Juive ; deux portraits de femmes en pendants, & une copie de celle qui a les mains croisées ; vieille & grosse femme ; six études de têtes (numéros 312, 313, 317, 331, 333, 334, 335 & 337).

486. Sept autres estampes, dont l'annonce aux pasteurs, & la décollation

de St. Jean Baptiste, épreuve où l'habillement de l'exécuteur est clair.

487. Treize pieces de Rembrandt.

489. Treize autres d'après Rembrandt, dont deux épreuves différentes de l'adoration des pasteurs, par Picart; un femme assise, plumant une poule, par Houston; huit têtes & sujets, par Mr. Marcenay de Ghuy.

489. Trente-sept pieces gravées par Picart, le Comte de Caylus & autres.

490. Onze titres, dont plusieurs pour l'œuvre de Rembrandt, très savamment écrits per M. Helle.

Jean George van Vliet.

491. Loth & ses filles, d'après *Rembrandt*, & Suzanne surprise par les vieillards, grande piece en hauteur, d'après *J. Liévins*, très belles épreuves.

492. Le baptême de l'eunuque de Candace, très beau d'épreuve.

493. Saint Jérome en priere dans une caverne, d'après *Rembrandt*, & un Saint François lisant, assis proche d'un arbre & de sa chaumiere.

494. Sept sujets tirés du Nouveau

Teſtament, très beaux d'épreuve.

495. Douze des arts & métiers; le portrait du Prince & celui de la Princeſſe d'Orange, épreuves très belles.

496. Un repas; des gens qui ſe réjouiſſent; des charlatans, & autres ſujets, en tout ſept eſtampes, très belles épreuves.

497. Six belles têtes d'après Rembrandt, épreuves vigoureuſes.

498. Vingt eſtampes gravées par van Vliet, Ferdinand Bol & autres.

Adrien van Oſtade.

499. Le portrait d'Oſtade, gravé par J. Gole, & cinquante cinq morceaux gravés par *Oſtade* même.

500. Le coup de couteau, épreuve de Clément de Jonghe, & la tabagie, par Suyderhoef.

501. Six danſes & des tabagies, gravées par C. & J. Wiſſcher.

502. Trois tabagies, par Suyderoef, trois de Jean Wiſſcher, & quatre par d'autres graveurs.

503. Vingt-cinq eſtampes, tant d'*Oſtade* même, que d'après lui.

Philippe Wouwermans.

504. Six eſtampes, gravées par J. Wiſſcher, & une par Dankerts, anciennes épreuves.

505. Une ſuite de quatre-vingt-quatre eſtampes, gravées par J. Moyreau, anciennes épreuves.

506. Quatorze eaux fortes, dont une de Laurent, Anglois.

507. Le pot au lait, par P. le Bas; la moiſſon, par Laurent; & quatre autres eſtampes anciennes épreuves.

Nicolas Berghem.

508. Suites d'animaux & autres pieces, en tout quarante-quatre.

509. Le bal, grande piece en hauteur, gravé par J. Wiſſcher, *Juſtus Danckerts exc.* beau d'épreuve.

510. Les quatre heures du jour, & quatre autres jolies eſtampes, gravées par J. Wiſſcher.

511. Une ſuite de ſix ſujets en payſages, & une de quatre eſtampes de divers animaux.

512. Trente eſtampes en hauteur & en travers, par J. Wiſſcher & Danckerts.

513. Un grand paysage montagneux, où se remarquent deux hommes & des animaux, par J. Suyderhoef, *P. Goos exc.* & huit grands paysages en travers, gravés par J. Wisscher & Dankerts.

514. Vingt-quatre estampes diverses.

Les Wisscher.

515. Guillaume de Ryck, de Bouma & P. Scriverius; ces trois portraits, connus sous le nom des trois barbes, sont beaux d'épreuve.

516. La fricasseuse, la mort aux rats, & la bohémienne, chacune avec le nom de Clément de Jonghe, & le portrait de Bouma.

517. Huit sujets & portraits, dont la tabagie où est un violonneur, & le chirurgien de campagne, d'après Brouwer.

518. Le four, le coche volé, & la bataille des hussards, original & copie; cette derniere par Stopendoel.

519. Le portrait d'Abraham vander Hulst, cinq morceaux d'après Wouwermans, par J. Wisscher, & le pont rompu, en trois feuilles.

Saenredam.

520. Adam & Eve, d'après C. de Harlem ; un pareil sujet ; la Judith, & les cinq sens de nature, d'après H. Goltzius. Ces huit morceaux sont beaux d'épreuve.

521. Un grand sujet de chasse, où se voit l'Infante Isabelle sous un arbre ; Vénus, Bacchus & Cérès assis sur un lit.

522. Le bain de Diane, d'après Goltzius, & neuf autres estampes, tant petites que grandes.

Suyderhoef.

523. La paix de Munster, d'après Terburck ; les Bourguemestres, d'après Théod. Keyser, & une querelle de paysans nommée le coup de couteau, d'après Terburgh.

Romyn de Hooge.

524. Dix-neuf belles estampes, dont la synagogue des Juifs, le siege & la prise de la ville de Narde.

ECOLE ALLEMANDE ET ANGLOISE.

Albert Durer.

525. LA petite Nativité, & cinq autres estampes ; plus, quarante-sept en bois.

Goltzius.

526. Treize pieces, tant de Goltzius que d'après lui.

Hollar.

527. Trente-trois morceaux, dont le Calice, la Cathédrale d'Anvers, la Madelaine dans un paysage, par van Avont ; plusieurs paysages d'après Breughel.

Goudt.

528. Six morceaux ; il manque le petit paysage sans figure, pour rendre l'œuvre complet.

Jean Smith.

529. La Madelaine à la lampe ; le Christ d'après van Dyck, & huit portraits, dont Scalcken & Grinlin Gibbons.

530. *Antony Leigh*, & douze portraits d'hommes distingués.

531. Six portraits de dames, une dormeuse d'après *Scalken*, une chasse d'après *J. Wike*, & le pot de fleurs de *J. Bap. Monnoyer.*

532. Les amours des Dieux en sept pieces d'après le Titien.

ECOLE FRANÇOISE.

Nicolas Poussin.

533. Six sujets de l'Ancien Testament & quatre du Nouveau.

534. Le frappement du rocher, & le Calvaire; ces deux grands morceaux gravés par Anth. Stella, sont beaux d'épreuve.

535. Neuf autres estampes gravées par Penne, Stella, Baudet & autres.

536. Les sept Sacrements, gravés par J. Pesne, épreuves avec l'adresse d'Audran.

537. Les sept Sacrements, par J. Dughet, & ceux par Chatillon.

538. Les quatre saisons, par Pesne & Audran; trois grands paysages de Baudet, & un sujet de la fable, par Bloemaert.

Sébastien Bourdon.

539. Trente pieces, dont vingt gravées par Bourdon lui-même.

540. Une sainte Famille, par van Schuppen, & dix sujets de Vierge.

541. Trente sept estampes, tant sujets que paysages.

542. Les sept œuvres de miséricorde, gravées par le Bourdon, avec la dédicace, très belles épreuves.

Eustache le Sueur.

543. Douze estampes, dont Saint Paul qui fait brûler les livres, par Picart le Romain.

Charles le Brun & autres.

544. La petite galerie du Louvre en quarante pieces, non compris le titre, gravée par St. André, d'après *le Brun.*

545. La Descente de Croix, par Benoît Audran, & dix autres estampes d'après *le Brun*; plus, quatre morceaux de *Mignard.*

546. Le mariage de Sainte Catherine; une contre-épreuve de St. Jérome, qui donne la Communion à des pestiférés, & quatre autres estampes

d'après *Mignard*, dont le Calvaire, par G. Audran.

547. Les trois morceaux de la voûte de la galerie du petit appartement du Roi à Verſailles, & le plafond du Val-de-Grace en ſept pieces, par Audran, d'après *Mignard.*

548. Trente-cinq eſtampes d'après *Valentin*, Loyr & autres.

549. Cinq grandes eſtampes d'après *Antoine Coypel*, par J. & G. Audran, J. Bapt. Poilly & Gaſpard du Change.

550. Dix autres plus petites, auſſi d'après *Antoine Coypel*, anciennes épreuves.

551. Dix-ſept d'après *Antoine*, *N. N.* & *Charles Coypel.*

552. Quarante-neuf ſujets & portraits par *Mellan.*

553. Quarante-deux eſtampes d'après le Chevalier Vleughels, toutes très belles épreuves.

554. Six eſtampes d'après *Jouvenet*, dont le *Magnificat*, par Simon Thomaſſin.

555. Quatorze eſtampes de *Sébaſtien le Clerc*, & vingt-une de *Bernard Picart.*

556. Soixante-ſix eſtampes de *Watteau*, dont l'accordée de village, la mariée, les plaiſirs du bal, l'embarquement pour Cythere, toutes très belles épreuves.

557. Le Don Quichotte, par *Coypel*, Trémoliere, Cochin fils, le Bas & Boucher, en trente morceaux, très beaux d'épreuve.

558. Neuf eſtampes d'après F. le Moine, & les figures du roman de Daphnis & de Chloé en vingt-neuf petits morceaux, très beaux d'épreuve.

Lancret Pater.

559. Les quatre heures du jour, les quatre ſaiſons, & quatre autres pieces, toutes par de Larmeſſin, belles épreuves.

560. Douze autres pieces, auſſi par de Larmeſſin.

561. Cinq de *Lancret*, & trois de *Pater*.

562. Dix d'après *Pater*, par L. Surugue & Filloeul.

563. La roman comique en quinze morceaux, treize ſont d'après *Pater*, les deux autres d'après *J. Dumont*, gravés par Lépicié, Surugue & autres.

564. Sept estampes d'après *Lorrain*, *Wleughels*, *le Mesle* & autres, & les cris de Paris de *Bourchardon*, en cinquante morceaux, gravés à l'eau-forte par le Comte de Caylus, & terminés par E. Fessard.

565. Un œuvre d'*Edme Bouchardon*, en deux cents trente-huit morceaux bien conditionnés.

566. Hippolyte de la Tude Clairon, estampe gravée par Laurent Cars & Jacques Beauvarlet, d'après *Carle Vanloo*.

567. Huit estampes de *Carle Vanloo*, dont la conversation espagnole, par J. Beauvarlet; les Graces, par Pasquier, & l'amour menaçant, gravé par C. de Méchel.

568. Les tableaux de l'Eglise des Enfants-Trouvés de Paris, en quinze pieces, gravés par Et. Fessard, d'après *Charles Natoire*.

569. Dix estampes de *J. B. Siméon Chardin*, gravées par Lépicié, Surugue & Fillœul.

570. Quatre pieces gravées d'après *M. Pierre*, le mont Vésuve d'après *Salvator Rosa*, & l'isle de l'Archipel de

F. Vernet, par Charpentier.

571. La lumiere du monde, les bergers à la fontaine & l'Amour désarmé, par Etienne Fessard; la baigneuse surprise, gravée par J. Daullé; la chasse, la pêche, par Beauvarlet, & les villageois à la pêche, par Gaillard, toutes d'après *F. Boucher.*

572. Les estampes du Moliere en trente morceaux, d'après *F. Boucher*, par Laurent Cas, & le portrait de l'Auteur, par Lépicié, d'après *Ch. Coypel.*

573. Vingt-deux sujets, titres de livres, vignettes & paysages, d'après *F. Boucher.*

574. Des sujets de guerre, des vues & des paysages, en tout cinquante-quatre estampes, gravées par *Jacques Rigaud*, de Marseille.

575. L'accordée de village, & le paralytique servi par ses enfants; ces deux grandes pieces, gravées par J. J. Flipart, d'après *J. B. Greuze*, sont très belles épreuves.

576. Divers habillements, suivant le costume d'Italie, en vingt-quatre

morceaux, non compris le titre ; gravés par A. Moitte, & quatre autres eſtampes d'après *J. B. Greuze.*

577. Douze eſtampes de *Charles de la Foſſe, L. de Boulogne & N. Colombel.*

578. Six autres d'après *J. Vernet, le Prince & l'Allemand.*

579. Vingt-quatre de *Verdier, Joſeph & Charles Parrocel, Bertin* & autres.

580. Vingt-quatre autres eſtampes.

581. Vingt-quatre *ditto.*

582. Trente eſtampes de Cazes, de Troy, Jeaurat & autres.

ESTAMPES DE DIFFÉRENTES ECOLES.

583. SOIXANTE-QUATRE eſtampes, dont vingt-huit de la Pſyché de Raphael.

584. Quarante autres, preſque toutes d'après Raphael.

585. Trente-ſix eſtampes d'anciens Maîtres d'Italie.

586. Soixante eſtampes dont pluſieurs

gravées par Simon de Ravenne.

587. Soixante-cinq autres, dont plusieurs par Marc Antoine.

588. Vingt-deux pieces, presque toutes gravées par les Carraches.

589. Trente-cinq autres, dont plusieurs des Carraches.

590. Trente-neuf estampes des Carraches.

591. Quarante-quatre, dont le cimetiere par G. Mantuan, & autres morceaux d'anciens Maîtres.

592. Quarante-deux estampes, dont plusieurs de l'Espagnolet.

593. Douze grands morceaux de Paul Veronese, gravés par Lorenzini & della Croce.

594. Dix-sept du Correge, Titien, Parmesan, Tintoret & autres par Lorenzini & della Croce.

592 *bis.* Douze grandes estampes gravées d'après des Maîtres Italiens.

593 *bis.* Quatorze belles estampes de Maîtres d'Italie, gravées par Frey, Zucchi & Petrini.

594 *bis.* Quarante-quatre estampes de différents Maîtres.

595. Onze estampes des Carraches,

dont le chien; plus, une suite d'enfants par la Sirani en douze pieces.

596. Soixante & deux morceaux, tant des Carraches que d'après eux.

597. Soixante estampes de différents Maîtres.

598. Cinquante morceaux composant un petit œuvre de *Corneille Cort*, le plus grand nombre est beau d'épreuve.

599. Onze estampes gravées par Jean Muller, d'après Adrien de Vries, Spranger, K. Mander & Jacobo Ligozzi.

600. Cinquante cinq estampes, dont le plus grand nombre est gravé par Sadeler, plusieurs par Matham.

601. Vingt-six estampes gravées en bois; & un sujet d'une femme surprenant sa fille avec un satyre, par *Alber Durer*; plus, 16 estampes de Lamber Lombar.

602. La fête Flamande, d'après Rubens, par Fessard, très belle épreuve, & l'eau forte de cette estampe.

603. Vingt-deux estampes gravées d'après Teniers, Brauver, Dusart & Both, toutes par des graveurs Flamands

mands, bonnes épreuves.

604. Quarante trois autres de Rubens, Quellinus, Schut, &c. bonnes épreuves.

605. Quatre-vingt-une pieces de Bloemaert, dont trois différentes compositions d'Adam & Eve, par Saenredam; plusieurs sujets de Vierge, des Hermites.

606. Trois estampes d'après Wouwermans, & huit d'après Berghem, dont les quatre heures du jour, par J. Vischer; & le matin & le soir, par J. P. le Bas, beaux d'épreuve.

607. Vingt-sept morceaux de Both, Dusart, Worlidge & autres.

608. Cinquante-sept estampes, presque toutes d'animaux & paysages, gravées par *Dujardin*, *Stoop*, *Hermant*, *Jean Miel* & *Brebiette*.

609. Quarante autres de différents Maîtres, tant portraits que sujets.

610. Une suite de douze figures de soldats, par de Gheyn, d'après Goltzius; quatre pieces de Muller, d'après de Vries, & treize autres.

611. Sept morceaux gravés par J. V. Velde, dont trois d'après P. de Mo-

lyn ; plus, deux par Goudt.

612. Trente-huit estampes d'après Berghem, Henri Roos & autres.

613. Cinquante estampes de différents Maîtres.

614. Vingt-huit autres, dont plusieurs de Watteau & Gillot.

615. Cent quinze estampes gravées à l'eau forte par différents amateurs, mais le plus grand nombre par M. l'Abbé de Saint Non.

616. Soixante-neuf portraits, gravés d'après *Van Dyck*, beaux d'épreuve.

617. Cinq cents soixante-trois petits morceaux de petits Maîtres.

618. Quatre-vingt quatre estampes de la Belle, dont les Pratolines, les douze paysages dédiés au Duc d'Enguien, *& pace & bello*, &c.

619. Neuf estampes d'après le Guide, & autres.

Portraits.

620. Le portrait de Descartes par Suyderhoeff, d'après F. Hals ; & six autres par Muller, Bary & Fruytiers.

621. Vingt portraits, dont celui du

Maréchal d'Harcourt, dit Cadet la Perle, par Masson d'après Mignard.

622. Le Brisacier, gravé par Masson, d'après Mignard, épreuve avant le nom & qualité sur la bordure, très beau d'épreuve.

623. Le même portrait avec la lettre, & Pierre Corneille, par E. Ficquet, d'après le Brun, beaux d'épreuves.

624. Dix-sept portraits d'après Mignard, dont Brisacier & Marin, par Masson.

625. M. de Bossuet, Evêque de Maux, par P. Drevet, d'après *Hyacinthe Rigaud*, ancien d'épreuve.

626. Douze portraits d'après *Rigaud*, dont celui du Cardinal Dubois, par P. Drevet, très beau d'épreuve.

627. Robert de Cotte, par P. Drevet, Charles d'Hozier, par G. Edelinck, & dix autres portraits d'après *Rigaud*.

628. Quinze portraits d'après *Rigaud*.

629. Treize portraits, entre autres le petit Keller & Mouton, par Edelinck.

630. Trente-trois portraits, d'après de Troy & autres.

631. Cinquante-deux portraits.

632. Quarante autres.

633. Cinquante *ditto*.

634. Cinquante autres.

635. Vingt-ſix portraits gravés par Goltzius, Matham, Spierre, G. Edelinck & autres.

636. Quarante-cinq portraits de Peintres, Sculpteurs, Architectes & autres hommes célebres.

Clair obſcur & taille en bois.

637. Trente-trois pieces d'après Raphael, Parmezan & autres.

638. Vingt-cinq, dont pluſieurs de Ligozio, Raphael da Reggio, Jean de Bologne.

639. Cinquante-neuf, d'après Raphael & Parmezan.

640. Trente-cinq eſtampes d'après Raphael, Polidore, Joſeph Scolari, Maturin, Parmezan & André del Sarte.

641. Trente-ſix autres d'après différents Maîtres.

642. Trente-ſix autres.

643. Trente eſtampes gravées par E. Kirkall, d'après Raphael, Jules Romain, Perin del Vague, François Penni & autres Maîtres Italiens & Flamands.

644. Douze autres de l'article précédent, par le même Kirkail.

645. Trente-quatre, dont pluſieurs grandes d'après le Titien, & autres par de vieux Maîtres.

646. Cent eſtampes anciennes, gravées en bois.

647. Cinquante-ſix autres, gravées tant en bois qu'en clair-obſcur.

648. Le triomphe de Jules Céſar d'André Mantegne, en dix morceaux; neuf pieces du paſſage de la Mer Rouge, d'après le Titien, & 43 autres eſtampes.

649. Cent deux morceaux d'anciens Maîtres.

650. Cent autres.

Payſages & Marines.

651. Les quatre heures du jour, les douze mois de l'année, les quatre éléments & quatre payſages, en tout

vingt-quatre eſtampes gravées par J. V. Velde, belles épreuves.

652. Soixante payſages gravés par Gaſpre du Ghet, Creſcentio, Dominique Barriere & autres.

653. Cent vingt-ſept payſages inventés & gravés par *Hermand van Suanevelt*, tous ſont très beaux d'épreuve.

654. Soixante-treize payſages d'Hermand van Suanevelt, qui ſe trouvent dans l'article précédent.

655. Cinquante-quatre autres d'après *C. Poelemburgh*, *Paul Bril*, & autres, dont pluſieurs gravés par Sadeler.

656. Cent dix-huit de Merian, Hondius, Collaert, Rabel, &c.

657. Une ſuite de douze marines par Jean Percelles; autres de payſages & marines, par Zeeman, Savery, de Vlieger, Baut, Meyering, & autres, en tout cent dix pieces.

658. Cent dix payſages d'Hermand van Suanevelt, Albert Flamen, Paul Bril & Meyering.

659. Cent payſages inventés & gravés par Perelle, très beaux d'épreuve.

660. Cent autres, aussi par Perelle, très beaux d'épreuve.

661. Cent *ditto*, plus grands.

662. Des vues de Rome d'après Asselin, & des paysages, en tout cent estampes par Perelle.

663. Cent autres paysages de Perelle.

664. Cent seize paysages de Perelle.

665. Cent soixante-deux paysages, presque tous de Silvestre.

666. Quarante-huit paysages de Mauperché & trente-cinq de Francisque.

667. Cent trente-trois vues, paysages & quelques petits sujets, par différents Maîtres.

668. Quarante-sept paysages & une marine par S. à Bolswert, d'après van Artvelt.

669. Quinze paysages gravés par Claude Gelée, huit par Dominique Barriere ; & quarante-cinq autres paysages, animaux, &c.

670. Cent quarante-deux paysages de différents Maîtres.

671. Quatre-vingts paysages, presque tous gravés par le Comte de Caylus.

Œuvres, Recueils, Suites et Livres d'Estampes.

Jacques Callot.

672. Deux volumes *in-fol.* maroquin rouge, dorés ſur tranche, contenant onze cents quarante-trois eſtampes de l'œuvre de *Callot*, preſque toutes belles & anciennes épreuves : ſavoir, deux portraits de l'Auteur, l'un par Michel l'Ane, l'autre de la ſuite de van Dyck, édition de Vanden Enden ; les Saints de l'année, y compris les fêtes mobiles, en quatre cents ſoixante-deux morceaux ; les grands Apôtres en ſeize pieces ; la Nobleſſe en douze ; les gueux en vingt-cinq ; les quatre fileuſes ; les emblêmes de la Vierge en vingt-ſept pieces, premiere édition avant les chiffres ; le *lux clauſtri* en vingt-huit pieces, de même avant les chiffres, excepté quatre ; les tableaux de Saint Pierre de Rome en 29 pieces, gravées au burin ; les miracles de l'Annonciade en quarante pieces,

non compris le titre; les Pigmées (*varie figure*) en vingt-une pieces; les *varie figure* en seize pieces; cinq des mêmes avant les fonds, & une piece de même grandeur, qui représente deux Turcs; les baillifs en vingt-quatre pieces; les quatre Bohémiens; les caprices de Florence & de Nancy en quatre-vingt-dix-huit morceaux, manque deux; la vie de l'enfant prodigue en onze pieces; le Nouveau Testament en onze pieces avant la lettre, & une douzieme qui est St. Jean prêchant dans le désert; les fantaisies en treize morceaux, avant les chiffres; l'exercice militaire en treize pieces, premieres épreuves, le titre est avant l'écriture; la Vierge d'André del Sarte, avant le nom de Callot; l'*Ecce Homo*, gravé au burin, épreuve avant les armes; St. Paul d'après Bloemaert; les mesureurs de grains; la possédée, d'après André Boscoli; un des douze mois de l'année; la Vierge de Paul Farinati; le miracle de St. Mansuet, épreuve avec la raquette; St. Nicolas prêchant dans le désert; la sainte Famille, piece en ovale d'après G. Sadeler; le rocher; l'arbre de St. François; les deux différents massacres des Innocents; six paysages d'après Callot, de l'édition de Ciartres; autre suite de paysage, dédiée à M. de Crévant, en quinze pieces; autre de neuf, qui a pour titre, *livre de divers paysages*, &c. une suite de diverses vues de Florence en treize morceaux, y compris Campo Vaccino de Silvestre; quatre paysages attribués à Callot, par *Canta Gallina*; les quatre marines; neuf paysages très bien gravés, quoique des premiers temps de Callot, sous *Canta-Gallina*, le titre représente la renommée sur un piedestal; un paysage plus grand que les précédents, gravé du même temps; le titre des Astrologues; le petit portement de Croix en ovale, & sa copie; les supplices; le jeu de boule; *variæ tum Passionis Christi, tum vitæ Beatæ Mariæ Virginis*, en vingt trois pieces; la petite Assomption aux Chérubins; la petite Passion en douze morceaux ; les Pénitents en six pieces ; les sept péchés mortels ; le martyre de St. Laurent, ovale ; une piece approchant de même grandeur, représentant une Eglise, rare ; les trois sacrifices, avant le nom de Callot ; les quatre banquets ; la vie de la Vierge en quinze pieces, y compris une double Annonciation ; le martyre des Apôtres en seize pieces ; la grande Passion en sept morceaux ; le portement de Croix, copie ; l'épitaphe de Callot ; les géants foudroyés par Jupiter ; dix sept pieces composant une suite de sujets de fantaisie, gravés par Noblesse d'après Callot ; le portrait de Louis XIII à cheval, gravé par l'Ane, le fond est de Callot ; Charles IV, Duc de Lorraine, gravé par Claude Dervet, & attribué à Callot ; le Prince de Phalsbourg ; le *Benedicite* ; autre *Benedicite*, à l'imitation de Callot, par Bernard Capitelli ; le breland, autre à son imitation, par le même Capitelli ; la foire de Florence, avec les armes, dans les deux coins en dedans ; la même avant les armes ; la même foire, édition de Nancy ; une tentation de St. Antoine, gravée par J. C. Baur, d'après Callot ; la tentation originale, avec toutes ses rosettes ; la grande these en deux feuilles ; le triomphe de la Vierge, premiere épreuve ; la grande tentation de St. Antoine, gravée par Ant. Metentius, d'après une de Callot beaucoup plus petite ; le combat de Veillane ; les trois sieges, qui sont Bréda, la Rochelle & l'isle de Ré, en dix-huit grandes pieces, & vingt bandes ; le voyage de la Terre Sainte en trente-quatre morceaux ; dix feuilles de monnoies ; le le puits ou l'enfer en quatre feuilles gravées au burin ; quinze pieces des batailles de Médicis, gravées au burin, & six femmes d'après les desseins de Callot, par Israël Silvestre.

673. L'œuvre de *Simon Vouet*, beau d'épreuve.

674. Œuvre d'*Antoine & Jean le Pautre*, composé de desseins d'ornements pour la décoration intérieure des bâtiments, pour les Sculpteurs, Peintres, Orfevre, & différents sujets, dont plusieurs d'Histoire de

leur invention ou d'après d'autres Maîtres, en douze cents ſoixante-neuf pieces, dans cinq volumes *in-fol.* veau.

675. L'œuvre d'*Antoine Tempeſte*, en 4 *vol. in-fol.* marroquin rouge : le premier contient cinq cents ſoixante-quinze pieces, métamorphoſes, animaux, oiſeaux & payſages ; le deuxieme eſt compoſé de trois cents quinze ſujets de l'Hiſtoire ſainte, emblêmes, l'hiſtoire de Conſtantin le Grand, marche turque, la vie de St. Benard, & les figures des Apôtres ; le troiſieme renferme ſoixante dix grandes pieces hiſtoriques, plan de Rome, &c. le quatrieme eſt de cent ſoixante-dix-huit payſages, chaſſes, vie de St. Antoine, obéliſque de Fontana, Apôtres, &c.

676. L'œuvre de *Villiam Baur*, contenant les métamorphoſes d'Ovide imprimées à Vienne en 1641, en cent cinquante pieces, quatre ſujets de la fable, deux de l'Ancien Teſtament, la vie de N. S. en cinquante-ſix pieces, vingt-deux ſujets différents, ſoixante vues d'Italie & de

payſages, un livre de figures de différentes Nations en huit feuilles, & ſix vues & payſages, en tout trois cents huit morceaux dans un *vol. in-fol. veau.*

677. Œuvre de *le Fevre de Veniſe* en cinquante-ſix morceaux, en feuilles, dans un carton, vélin.

678. L'œuvre d'*Antoine François Vander Meulen*, en trente cinq grandes pieces, anciennes & belles épreuves, non compris ſon portrait, gravé par van Schupen, *un vol. grand in-fol. veau.*

679. Un pareil œuvre de *Vander Meulen*, *in-fol. v.*

680. Un autre auſſi de *Vander Meulen*, en vingt ſix eſtampes, dont quatorze avant la lettre, *in-fol. veau.*

681. Œuvre de *Kam du Jardin*, en cinquante-deux morceaux imprimés ſur vingt-ſept feuilles, beaux d'épreuve : ſon titre porte ſeulement, *K. D. Jardin fev. & excud.* 1652. *A. D.*

682. L'œuvre de *Gille Marie Oppenord*, à Paris, chez Huquier, grand *in-fol.* broché en papier.

683. Un œuvre de *Charmeton*, compoſé de plafonds, ornements, montants propres pour pluſieurs ſortes d'ouvrages, maſques, vaſes, ceintres, panneaux, corniches & catafalques, en tout cent dix morceaux, gravés par G. Audran, N. Robert & autres, *in fol. veau.*

684. Un petit volume *in-4°. veau*, contenant un œuvre de *Bartholomé Breenbergh*, en quarante-neuf morceaux d'antiquités, payſages, avec des ruines & des figures; plus, ſix payſages inventés & gravés par *Laurent de la Hire*; les épreuves ſont preſque toutes d'une beauté ſupérieure.

685. Deux volumes *in fol.* brochés en carton, contenant trois cents vingt-quatre morceaux, tant ſujets que payſages & figures de l'œuvre d'*Antoine Watteau.*

Antiquités.

686. Les reſtes de l'ancienne Rome, deſſinés & gravés par *Bonaventure d'Overbeke*; à Amſterdam, M. DCC. IX.

trois tomes *in fol.* en feuilles, dans un carton.

687. *Vestigi delle Antichita, &c.* ou vues antiques de différents lieux d'Italie, par les *Sadeler*; à Prague, 1606, en quarante-neuf feuilles, petit *in-fol obl. veau.*

688. *Antiquarum statuarum urbis Romæ admodum illustrissimo & conditissimo viro D. equiti Cassiano à Puteo Domino ac Patrono Calmo Jacobus Marchuccius humillim. s servus dat. D. D. Romæ* M. DCC. XXIII. premier & second livre, petit *in-fol.* vélin.

689. *Antiquarum stuatuarum urbis Ro- Jo. Baptista de Cavalleriis auctore*, in-4°. veau, avec réseau & filet d'or.

690. Le Antiche lucene sepolcrali figurate raccolte dalle cave sotteranee, a grotta di Roma, par Pietro Sancti Bartoli, divisé en trois parties, con l'osservazioni di Gio Pietro Bellori. In Roma M. DC. XCI. petit *in-fol.* veau.

691. Le pareil livre.

692. Le gemme antiche di *Ant.* Ma-

ria Zanetti di Girolamo illuſtrate colle annotazioni latine di Anton. Franceſco Gori Volgarizzate da Girolamo Franceſco Zanetti di Aleſſandro. Venezia, M. DCC. L, petit *in-fol.* v.

693. *Muſeum odeſcaculum ſive Theſaurus antiquarum gemmarum a Petro S. Bartolo. Romæ,* M. DCC. XLVII. deux vol. *in-fol.* reliés en un, veau fauve. On y compte cent onze eſtampes.

694. Quarante-neuf morceaux du premier & ſecond tome du livre précédent dans un *in-fol.* v.

695. Romaantica di Alo Giovannoli da Civita Caſtellana. In Roma M. DC. XIX. en trois livres *in fol.* dans un volume oblong, velin.

696. *Præcipua aliquot Romanæ antiquitatis ruinarum monumenta, vivis proſpectibus ad veri imitationem affabre deſignata. In alma Venetiarum civitate per Baptiſtam Patronorum vicentinum, menſe Septembris, anno* M. D. LXXV. *in-4°.* velin.

697. Les antiquités romaines, par Jacobo Boiſſardo, en ſix tomes reliés

en deux volumes, *in*-4°. veau.

698. Le pitture antiche delle grote di Roma e de sepolchro de Nasoni, Pietro Santi Bartoli, e Francesco Bartoli, descritte par Gio. Pietro Bellori, e Michel Angelo Causei de la Chaussée. In Roma, M. DCC. VI. petit *in-fol.* velin.

699. Tabernacoli diversi nouvamente inventati da M Giovan. Battista Montano Milanense. Roma, 1628, petit *in-fol.* veau.

700. *Columnæ Trajani, &c. Romæ imprimentur apud Franciscum Villarmœnam* en cent trente feuilles *in-fol.* volume oblong, vélin.

701. Colonna Trajana, par Pietro Santi Bartoli, avec les explications de Ciaconius agrégées en cent dix-neuf feuilles, belles épreuves *in-fol.* oblong, veau fauve.

702. *Columna Antonina*, par le même, belles épreuves, *in-fol.* v. f. & la nouvelle colonne antonine en trois morceaux, non compris le titre & un discours, en feuilles.

703. *Romanæ magnitudinis monumenta, id est antiquæ urbis iconographia, &*

Dominico de Rubeis. Romæ, 1699, *in-fol.* obl. v. f.

704. *Speculum Romanæ magnificentiæ*, grand *in-fol.* v.

705. *Insignium Romæ Templorum*, c'est-à-dire, plans & profils des plus célebres Temples de Rome, en 1684, par Jean Jacques de Rubeis, en deux suites, dans un *in-fol.* veau fauve.

706. *Villa Pamphilia, &c. Romæ, formis Jo. Jacobi de Rubeis*, *in-fol.*

707. *Villa Aldobrandina*, par Dominique Barriere, petit *in-fol.* veau.

708. Une pareille suite, *in-fol.* velin.

709. Autre suite, manque le frontispice.

710. *Ædes Barberinæ. Romæ*, 1647, petit *in-fol.* velin.

711. Palazzi di Roma de piu celebri architetti dissegnati da Pietro Ferrerio, Pittore e Architettore, chez Gio. Jacomo Rossi, en cinquante feuilles. Rracolta di fontana di Roma, Tivoli e Frescati, Gio. Jacomo Rossi, en vingt-six feuilles; différents obélisques; les ruines de Rome, par Sadeler, en cinquante feuil-

les ; petites ſtatues en feuilles de *Phil.* Thomaſſin, en quarante-ſix pieces, &c. en tout deux cents trente-neuf eſtampes, *in-fol.* obl. velin.

712. Les ſtatues antiques de *Périer*, en cent feuilles ; non compris le titre, & les contre épreuves de cette même ſuite, épreuves belles & bien conditionnées, petit *in fol.* v.

713. Les mêmes figures antiques de *Périer*, en cent feuilles, anciennes épreuves, & les proportions du corps humain meſurées ſur les figures de l'antiquité, en vingt-huit morceaux, petit *in-fol.* veau.

714. *Icones & ſegmenta illuſtrium marmore*, en cinquante-trois pieces bien conditionnées, premieres épreuves, avant l'adreſſe de la veuve Périer, *in-fol.* obl. v.

715. Les mêmes bas reliefs de *François Périer*, avec l'adreſſe de ſa veuve, *in fol.* obl. vélin.

716. Autre ſuite *in-fol.* veau.

717. Une pareille ſuite, & ſept pieces collées dans un vol. *in-fol.* obl. veau.

718. Studio d'architettuta civile ſopra di ornamenti di porta a fineſtre trat-

ri da alcuna fabbriche insigni di Roma, & Domencio de Rossi, 2 vol. *in-fol.* v.

719. *Parte prima* du volume ci-dessus, veau.

720. Curieuses recherches de plusieurs beaux morceaux d'ornements antiques & modernes, tant dans la ville de Rome qu'autres lieux d'Italie, par Adam Philippon, 1645, petit *in-fol.* en feuilles.

721. Nuova pianta in Roma, data in luce da Giambattista Nolli, anno M. DCC. XLVIII. *in fol.* veau.

722. Il nuovo teatro delle fabriche, & edificii in prospettiva di Roma moderna, sotto il falice pontificato di N. S. Papa Allessandro VII, date in luce da Gio. Jacomo Rossi, en quatre livres, par Gio. Batta Falda, en feuilles.

723. Plans & élévations des Eglises de Rome, *in-fol.* v.

724. *Arcus L. Septimii Severi Aug. Anaglypha, cum explicatione Josephi Mariæ Svaresii, Episcopi olim Vasionensis. Romæ, Typis Barberinis,* M. DD. LXXVI. petit *in-fol.* vélin.

725. *Iconicæ figuræ quæ in vetustissimo codice virgiliano Bibliothecæ Vaticanæ, annum supra millesimum scripto & deaicto, visuntur*, avec les explications manuscrites : il manque la 18 & 19e. feuilles.

726. La même suite aussi en feuilles, sans le titre, où il manque aussi la 18 & 19e. feuilles, sans explications; plus, une suite de bas reliefs, gravée par *Mathieu Piccioni*.

727. Les jardins & fontaines de Rome, par Falda, en cent dix-huit morceaux, en feuilles; il manque quelques pieces.

728. Autre suite imparfaite, dans un porte feuille.

729. Trente neuf grandes vues de Rome, par Falda & autres, en feuilles.

730. Quatre vingt quatre plans & vues de Rome, par *Fontana* & autres, en feuilles.

731. Palazzi antichi di Genova, raccolti; e designati da Pietro Paolo Rubens. In Anversa, M. DC. LII. *in-fol.* v.

732. Collections de sculptures anti-

ques grecques & Romaines ; de la collection de M. Adam l'aîné, Sculpteur du Roi, chez Joullain, 1755, *in*-4°. brochée en carton.

733. Une pareille ſuite, brochée en papier marbré.

734. Les ruines de la Grece, par M. le Roi, avec figures. Paris, chez Guérin & Delatour, 1758, *in fol.* v.

735. *Laurentii Pignorii Patavini Menſa Iſiaca, &c. Amſtelodami, ſumptibus Anderæ Friſii*, M. DC. LXIX. *in*-4°. veau.

736. *Numiſmata ærea ſelectiora maximi moduli, e muſeo Piſano olim corrario. Venetiis, apud Jo. Baptiſtam Albritium, in fol.* vélin.

737. Suite des pierres gravées antiques par Elizabeth Chéron, L. H. en quarante-deux pieces, petit in-fol. v.

Cabinet du Roi.

738. Tapiſſeries du Roi, où ſont repréſentés les quatre éléments & les quatre ſaiſons, avec les deviſes & explications. Paris, de l'Imprimerie Royale, 1670, grand *in-fol.* marroquin rouge.

739. Les mêmes, petit papier, de l'Imprimerie de Blajax, M. DC. LXIII. petit *in-fol.* v.

740. Les figures du carrousel en trente feuilles, *in-fol.* v.

741. Les médaillons du cabinet du Roi, en quarante-une feuilles, gravées par la Boissiere.

742. Le Sacre de Louis XIV en 1722, grand *in-fol.* marroquin bleu, à dentelle, & brodrie d'or aux armes du Roi, très beau d'épreuve.

743. La galerie du palais du Luxembourg, par P. P. Rubens, en vingt-cinq feuilles, compris le portrait de Rubens, grand *in-fol.* veau : les épreuves sont très anciennes & belles.

744. Les fêtes pour le mariage de Madame Elizabeth de France avec D. Philippe, en treize planches. Paris, le Mercier, 1740, grand *in fol.* mar. rouge.

Galeries, entrées, triomphes, pompes funebres, histoires, &c.

745. La galerie justinienne, gravée par différents Auteurs, en deux

deux volumes *in-fol.* v. fauve; la premiere contient cent cinquante-trois feuilles, la ſeconde cent ſoixante-neuf.

746. La galerie de l'Archiduc Léopold, gravée par les ſoins de D. Teniers. Bruxelles, 1660, *in-fol.* mar. rouge.

747. La galerie de Dreſde, premier & ſecond volume, brochés en carton.

748. Deux galeries ſemblables d'après Annibal Carrache, chacune en quatorze morceaux. *Franc. Tortebat delineavit & exc.* en feuilles, belles.

749. Les peintures du ſallon impérial du palais de Florence en vingt ſix pieces, non compris le titre, l'avertiſſement & le portrait, grand *in-fol.* en feuilles.

750. Le cabinet de *François Girardon*, en feuilles.

751. *Sereniſſimi Principis Ferdinandi, Hiſpaniarum Infantis, S. R. E. Cardinalis, triumphalis introitus in Flandriæ metropolim*, *in-fol.* v.

Une pareille ſuite, *in-fol.*

752. Funerale celebrato nella chieſa di Santo Antonio della Nazione Portogheſe in Roma, per la morte

del Re di Portogallo, Dom Pietro secondo, M. DCC. VII. *in-fol.* broché en papier.

753. Breve racconto della transportatione del Corpo di Papa Paolo V, della Basilica di S. Pietro a quella di S. Maria Maggiore, avec figures de *Lanfranc*. In Roma, Bartolomeo Zannetti, M. DC. XXIII. *in-fol.* v.

754. *Historia Regum Syriæ*, par Jean Foy-Vaillant, *in*-4°. veau.

755. Le Memorie Bresciane, opera historica e symbolica di Ottavio Rossi. In Brescia, M. DC. XCIII.

756. Histoire métallique de Guillaume III, Roi de la Grande-Bretagne, par Nicolas Chevalier. A Amsterdam, M. DC. XCII. *in*-4°. veau.

757. *Historia septem infantium de Lara, auctore Oth. Vœnio. Antuerpiæ*, M. DC. XII. & une seconde suite qui a pour titre : *Batavorum cum Romanis bellum à Tacito, lib.* IV & V. *hist. olim descriptum, figuris nunc æneis expressum, auctore Othone Vœnio Lugduni Batav. De Batavische, &c. Antuerpiæ*, M. DC. XII. *in*-4°. veau.

758. La deuxieme suite ci-dessus décrite, *in*-4°. velin marbré.

759. *Ecclesiæ militantis triumphi*, &c. Cette suite, en trente-une feuilles, représente des Martyres peints à St. Etienne le Rond à Rome, par Statius, Flamand, *in fol.* v.

760. Livre de catafalque & de tabernacle. A Rome, chez Giacomo de Rossi, petit *in-fol.* v.

761. *Tabellæ selectæ ac explicatæ à Carola Catharina Patina, Parisina, Academica Batavii*, M. DC. LXXXXI. petit *in-fol.* broché en carton.

762. *Francisci Tertii Bergomatis Sereniss. Ferdinandi Archiducis Austriæ, Ducis Burgundiæ, Comitis Tirolis & Pictoris Aulici, ad invictiss. Cæsarem Maximilianum II. Romanorum.* grand *in-fol.* veau.

763. *Paradigmata Graphices variorum artificum, per Joh. Episcopum, ex formis Nicolai Visscher*, en cinquante-sept morceaux, non compris le titre.

Signorum veterum Icones, en cent morceaux, très beaux d'épreuve, petit *in-fol.* veau.

764. *Ducum Brabantiæ Chronica Adria-*

ni Barlandi, item Brabantia dos; poema Melchioris Barlaei: iconibus nunc primum illuſtrata ære ac ſtudio Joan. Bapt. Vrient I. Antuerpiæ, CIↃ. IX. *in*.4°. vélin.

765. *Gratæ & laboribus æquæ poſteritati Cæſareus Sanctique Patris, &c. in-fol.* v.

766. Afbeelding van't ſtadt huys van Amſterdam, in dortigh coopere plaaten, Geordineert dar Jacob van Campen. Amſterdam, 1661. C'eſt la maiſon de Ville d'Amſterdam.

767. La premiere partie de pluſieurs figures & ornements de la Maiſon de Ville d'Amſterdam, par *Arturs Quellinus, in-fol.* vélin.

Sujets de la Bible & autres.

768. La Bible de *Luyken*, en deux volumes *in fol.* veau.

769. Les figures de la Bible, par *Tempeſte*, en deux cents treize petites pieces, & huit morceaux d'une ſuite d'Apôtres, dans un vol. *in* 4°. veau.

770. Les figures de l'Ancien & du Nouveau Teſtament, en ſoixante-

treize morceaux, par S. le Clerc, *in*-16. veau.

771. *Sacræ Historiæ acta à Raphaele Urbin in Vaticano*, par Nicolas Chapron, *in fol.* v. premieres épreuves.

772. L'Ancien Testament, mis en figures, en cent cinquante-six pieces, de l'Imprimerie de P. Mariette : le titre manque. Le Nouveau Testament en soixante-quatre feuilles, *in* 4°. obl. veau.

773. La vie de St. Bruno, d'après les tableaux de le Sueur, qui sont aux Chartreux de Paris, gravée par François Chauveau, petit *in fol.* v.

774. *Vita D. Thomæ Aquitanis*, par Othon Vœnius.

775. La même suite, & la vie du bienheureux Jean de Matta, *in*-4°. veau.

776. *Icones sive effigies omnium & singulorum Ecclesiæ Augustanæ A. C. illibata verbi prædicatione, & pura verorum Sacramentorum administratione inservientium Ministrorum*, *A. C.* 1656, *in fol.* v.

Architectures, perspectives, vues, &c.

777. Traité des cinq ordres de Colonnes, par Jacques Androuet du Cerceau. Paris, 1583. Plusieurs livres d'autels, d'épitaphes, cheminées, &c. par A. Pierrets, *in*-4°. vélin.

778. Opera del Caval. Francesco Boromino, grand *in fol.* vélin.

779. Varie Architetture D. J: Francesco Fanelli Florentino, Scultore del Re della Gran Bretagne, *in*-4°. vélin.

780. La perspective de Joan Vredeman Frison. *Henric. Hondius, sculps. & exc. Lugduni*, *in*-4°. oblong, v.

781. Suite de profils & détails d'architectures, levés & mesurés exactement par le sieur Dumont, en vingt-neuf pieces, en feuilles.

782. Anatomie pour l'usage du dessein, par Dominique Rossi. Rome, 1691, en cinquante-neuf feuilles, vol. *in-fol.* v. fauve.

783. Les principes du dessein, par Gérard Lairesse. Amsterdam, chez D. Mortier, M. DCC. XIX. *in-fol.* v.

784. Desseins des édifices, meubles,

habits, machines & ustensiles des Chinois, par M. Chambers, *in-fol.* v.

785. *Academiæ Picturæ eruditæ*, par Joachim de Sandrart. *Norimbergæ, anno* CIↃIↃCLXXXIII. *in-fol.* v.

786. Plans & desseins des bâtiments, cascades & fontaines du Prince Charles Landgrave de Hesse, par Jean François Guerniere, Architecte de Rome, *in-fol.* v.

787. Diverses inventions de temples, épitaphes, sépultures & ornements des autels. Paris, chez Michel Valonchom, M. DC. XXXI. petit *in-fol.* v.

788. Une suite de vues de Venise en soixante-trois pieces, gravées par Dominique Louisa, en feuilles, dans un carton vélin.

789. Une pareille suite aussi en feuilles, dans un carton vélin.

790. Deux autres, chacune dans un carton.

791. Cinquante six pieces de cette même suite dans un porte feuille.

792. Scelta di XXIV vedute delle principali contrade, piazza, chieze, e palazzi della citta di Firenze, *in-fol.* en feuilles.

793. Les lieux les plus remarquables de Paris & des environs, par Iſraël Sylveſtre, dédiés à M. Louis de Buade, en deux cents dix morceaux, *in*-4°. veau.

794. Vues de Fontainebleau, & autres beaux endroits, en cent neuf morceaux, par le même Sylveſtre, *in*-4°. oblong, vélin.

795. Vues des Maiſons royales de Paris & autres, en cent dix-neuf feuilles. A Paris, chez Aveline, petit *in fol.* obl.

796. Soixante-quatre vues, par Perelle, *in* 4°. obl. vélin.

797. Vedute delle ville e d'altri luoghi della Toſcana, *in fol.* v.

Recueils de Portraits.

798. Un volume *in-fol.* mar. rouge, contenant quatre cents ſix portraits, & quelques études de têtes d'*Antoine van Dyck*; il y en a nombre de doubles, les unes étant de l'édition de vanden Enden, les autres de celle de Gillis Hendrick; les eaux-fortes, même les rares gravées par *van Dyck*, s'y trouvent.

799. Un recueil de cent trente portraits, gravés par C. Galle, P. de Jode & autres, dont beaucoup d'après van Hulle.

800. Autre recueil de cent vingt-quatre portraits, gravés par Nanteuil, dont J. B. van Steenberghen, dit l'avocat de Hollande, avant l'écriture au bas de la planche; la Motte le Vayer, Jean Chapelain, Jean Loret, très beaux d'épreuve, *in-fol.* v.

801. Un vol. *in fol.* mar. rouge, contenant quatre-vingts portraits de Seigneurs, gens de lettres, artiſtes & autres perſonnages, preſque tous anglois, gravés en maniere noire, dont quarante-quatre par J. Smith, entre autres le Docteur Jean Baggerus, Anthony Leigh, Frédéric Schomberg, le Duc de Moſcovie, Scalcken & Tompion; plus, cinquante ſujets, dont un repas dans un jardin, où eſt un enfant qui piſſe, piece capitale de Verkolie, d'après J. B. Wenix; le banquier de Rembrandt, par V. B. Lady en confeſſion, Agar & Iſmaël, le pot de

fleurs de B. Monoyer, par J. Smith.

802. Soixante-dix portraits de Dames diſtinguées & autres Angloiſes, dont quarante gravées par J. Smith; plus, trente-deux ſujets en maniere noire, d'après Luc Jordano, Scalcken & autres, dans un vol. *in fol.* mar. rouge.

Suites & Recueils d'Eſtampes.

803. Le recueil des eſtampes d'après les plus beaux tableaux & deſſeins qui ſont en France, fait par les ſoins de M. Crozat. A Paris, de l'Imprimerie Royale, 1729. Le premier volume contient cent trente ſept morceaux; le ſecond, quarante-un, en blanc, dans deux porte-feuilles, *in-fol.* petit papier.

804. Recueil d'eſtampes gravées d'après les tableaux du cabinet de M. Boyer d'Aguilles, par Jacques Coelemans. Paris, Pierre Mariette, dans un porte-feuille, grand *in-fol.* vélin verd.

805. Une ſuite de ſoixante-quatre eſtampes gravées par Madame la Marquiſe de Pompadour, d'après les

pierres gravées de M. Gay, Graveur du Roi, en feuilles, dans un carton.

806. Les tableaux de Venise en quatante-cinq morceaux, gravés par Louisa, dans un porte-feuille vélin.

807. Une pareille suite en quarante-quatre pieces, parcequ'il en manque une.

808. Douze estampes par Louisa, pour l'histoire de Venise.

809. La pareille suite.

810. Trente-quatre estampes d'après des tableaux qui sont à Venise, & cinq pour l'histoire.

811. Seize pieces des tableaux de Venise, dont plusieurs doubles; plus, dix-huit contre-épreuves de l'œuvre de le Fevre de Venise.

812. Une suite des métamorphoses, par Tempeste, en cent cinquante morceaux, non compris le titre, *in*-4°. veau.

813. Les estampes des amours pastorales de Daphnis & de Chloé, en vingt-neuf pieces, en feuilles.

814. Une pareille suite aussi en feuilles.

815. Les estampes du Moliere, d'après

François Boucher, en trente-deux morceaux, non compris le portrait d'après Coypel, en feuilles.

816. Les cris de Rome, gravés par Mitelli, en quarante morceaux, d'après Annibal Carrache, en feuilles.

817. Les cris de Rome, du même Annibal Carrache, en quatre-vingts morceaux, non compris le titre, la table & le frontispice, par Simon Guilin, petit *in-fol.* broché.

818. La même suite en feuilles, sans le titre, la table & le portrait.

819. *Diversarum iconum series quas lepidissimus Pictor Franciscus Mazzuola Parmensis, &c. Antonius Maria Zanetti Venetus.* M. DCC. XXXIX. *in fol.* veau marbré.

820. Un porte-feuille contenant deux cents paysages & quelques sujets, presque tous du Titien, quelques-uns de Campagnol & autres Vénitiens; le passage de la mer-Rouge en douze feuilles, gravé en bois d'après le Titien, s'y trouve.

821. Un volume *in fol.* mar. rouge, contenant cent quatre-vingt-dix-

huit eſtampes d'Albert Durer, dont la Pandore, le St. Hubert, ſeize morceaux de la petite Paſſion, la ſainte Famille dans un payſage, le grand crucifiement par Matham.

822. Cinq cents quatre-vingt-dix-huit morceaux preſque tous beaux d'épreuve, compoſant un recueil intéreſſant de petits Maîtres, dans un vol. petit *in fol.* mar. noir.

823. Un recueil de deux cents quatre-vingt-deux eſtampes gravées par les Sadeler, dont trois ſuites compoſant une bible en trente-cinq morceaux; les hermites & femmes hermites, en cent trente-trois pieces, compris le titre; les quatre ſaiſons & les douze mois de l'année, d'après Stephanus; pluſieurs payſages de Paul Bril & H. Bol; des portraits; vol. *in fol.*

824. Un recueil de deux cents huit morceaux du Pouſſin, les épreuves en ſont généralement aſſez belles, dans un vol. *in-fol.* doré ſur tranche.

825. Trois cents ſoixante-dix eſtampes de petits Maîtres & autres, *in-4°.* veau.

826. Cent vingt-une estampes représentant des thermes, des fontaines, des palais, &c. *in*-4°. veau.

827. Un recueil *in-fol.* obl. contenant trois cents quarante quatre paysages de Paul Bril, Gasparo, Francisque, Nieulan, Merian, Bourdon & autres.

828. Autre recueil de cinq cents soixante-deux estampes de Berghem, Feyt, Boel, Benedette, Tempeste, Bloemaert, Vankessel, Perelle, &c.

829. Recueil de têtes de caractere & de charges, dessinées par Léonard de Vinci, & gravées à l'eau-forte par M. le Comte de Caylus. Paris, Mariette, 1730, un vol. *in*-4°. veau fauve.

830. Le même recueil imprimé en bistre avec les contre-épreuves, veau marbré.

831. Recueil *in-fol.* v. contenant deux cents soixante-neuf estampes, dont les figures antiques de Périer, dix-sept vases d'Augustin Vénitien; différents bas-reliefs.

832. Recueil des meilleurs desseins de Raimond Lafage, en cent huit mor-

ceaux, gravés par cinq des plus habiles Graveurs, & mis en lumiere par les ſoins de vander Bruggen, grand *in-fol.* v.

833. Les travaux d'Ulyſſe, peints à Fontainebleau par le Prématice, & gravés par Théodore van Tulden. Paris, Mariette, 1633, *in-fol.* obl. v.

834. Varie figure academiche, ou livre à deſſiner de P. de Jode. Anvers, 1649, en quarante-une feuilles. Autre recueil d'académies de P. de Jode l'ancien, gravées par Lauvers, en dix-huit feuilles, vol. *in-fol.* vélin, dans lequel il y a ſeize têtes de Caſtiglione, & quatre-vingts morceaux de la Belle.

835. *Mariæ Sibillæ Merian diſſertatio de generatione & metamorphoſibus inſectorum ſurinamenſium, &c. Amſtelodami*, CIↃIↃCCXIX, en feuilles, dans un carton, vélin.

836. Les douze Céſars Empereurs, de Tempeſte, petit *in-fol.* broché en papier.

837. Un petit *in-fol.* obl. veau, contenant cent ſoixante quatre eſtampes

de poissons, oiseaux, insectes, animaux & paysages.

838. Livre d'estampes pour le jardinage, par le Bouteaux fils, petit *in-fol.* v.

839. Recueil de figures, grouppes, thermes, fontaines, vases & autres ornements, par Simon Thomassin, *in-*8°. veau.

840. Un livre de vases inventés par M. Stella, & gravé par Françoise Bouzonnet, en quarante-neuf feuilles, petit *in-fol.* vélin.

841. Les vases de Saly en trente morceaux, non compris le titre, très-beaux d'épreuve, petit *in-fol.* v.

842. Vases de J. Damery, Charmeton, Charles Errard & autres, en cent soixante & dix-huit morceaux.

843. Des suites d'ornements, trophées, masques, &c. en cent deux morceaux.

844. Cinquante-cinq feuilles d'ornements de Berain.

845. Divers ornements d'architecture, recueillis & dessinés d'après l'antique par M. Stella, en soixante-cinq morceaux, Paris, aux galeries du Louvre, 1658, en feuilles.

845 *bis*. Diſegni diverſi inventati e delineati da Giovanni da Forli, Argentiere del palazzo apoſtolico e fonditore della rev. Camera. Roma, M. DCC. XIV. *in-fol.* v.

846. Quatre-vingt-huit eſtampes en pluſieurs livres de cartouches, arabeſques, pieds de tables & autres ornements, preſque tous par Bernard Toro.

847. Un livre de modes du regne de Louis XIV, par Arnoult, Bonnart, de Saint-Jean & autres, en cent cinquante pieces, bonnes épreuves, petit *in fol.* v.

848. Divers payſages & marines de Willembaur, par Melchior Cuſſel, *in*-4°. oblong, veau.

849. Un recueil de cavaliers, par Charles Parroſſel, gravé à l'eau forte, au nombre de cent trente-un morceaux, *in* 4°. veau.

850. L'épée de Girard Thibault d'Anvers, gros *in fol.*

851. La charge du Maréchal-des-Logis, par David de Solemne. *A La Haye*, CIƆIƆCXXXII, *in fol.* baſ.

852. Des vues de Chantilly & autres,

en quarante-neuf feuilles. *A Paris*, chez Langlois, *in-fol.* obl. vélin. Et un recueil, aussi petit *in-fol.* vélin, contenant les douze Empereurs, & des trophées.

853. Habillements de différentes Nations. *Venise*, Ferdinand Bertelli, 1663, en soixante feuilles, *in-4°.* vélin. Les estampes de l'Ancien Testament, &c. par Tempeste, en cinquante-huit morceaux, petit *in-fol.* obl. v.

854. Un petit recueil de pierres gravées du Cabinet du Roi, gaves au simple trait, en vingt-six feuilles, *in-12* oblong, veau; & des insectes grossis au microscope, F. A. G. *sc.* broché en papier; & les regles des cinq ordres d'Architecture de Vignole, réduites en petit par le Muet. Paris, Langlois, *in* 8°. vélin.

855. Vingt-quatre feuilles d'oiseaux, papillons & autres animaux, gravées par Martinet, & très proprement colorées.

856. Recueil de peintures & pavés de mosaïque antiques, faits à la main, & colorés, en cinquante feuilles, *in-4°.* v.

857. Autre recueil de peintures antiques, faites aussi à la main, & colorées, en vingt-quatre feuilles; la premiere représente la façade d'une chambre sépulcrale trouvée dans la vigne Maroni en 1709.

Géographie & Topographie.

858. Carte très particuliere de l'Allemagne; son titre porte, *novæ Archiepiscopatus Moguntini tabulæ Moguntiæ, sumptu* N. Person. *in-fol.* vélin.

859. Table des cartes des Pays Bas & des frontieres de France, avec un recueil des plans des villes, sieges & batailles données entre les hauts alliés & la France. *A Bruxelles*, chez E. H. Frix, 1712. *Harrewyn. inv. d. & fecit, in fol.* bas.

860. Carte générale de la Monarchie Françoise, &c. par le Mau de la Jaisse, en 1733, grand *in-fol.* broché en papier.

861. Les frontieres de France & des Pays-Bas, &c. Paris, L. F. Bénard, gendre de N. de Fer, 1743, petit *in-fol.* bas.

862. Les mêmes frontieres de France & des Pays-Bas, par N. de Fer, broché en papier ; & une topographie de Flandres, *in*-12. oblong.

863. Cartes générales & particulieres de toutes les côtes de France, par le sieur Tassin. Paris, chez Jean Messager, M.DC.XXXIV. *in fol.* obl. vélin ; & cinquante-neuf cartes du Beaulieu & autres, *in-fol.* vélin.

864. *Ducatûs Gebriæ & Comitatûs Zutphaniæ Theatrum, sive primæ Belgii provinciæ Tabulæ Chorographicæ Christianissimo Galliarum Regi Ludovico XIV. humillimè oblatæ à Jacobo Biesio, Typographo Arnhemiense*, petit *in-fol.* p. m.

Geographica Provinciarum Sueviæ Descriptio Sehivaben, en vingt-huit morceaux, *in*-12, papier marbré ; & un livre de plans de fortifications.

865. Une géographie en vingt un porte feuilles ; & un abrégé de l'histoire & de la chronologie universelle ; jusques & compris le quatorzieme siecle, en deux cents quarante-six pages. Ce volume, grand *in-fol.* est

écrit en lettres d'or, lettres bleues, rouges & à l'encre ; il eſt orné juſqu'au trente-deuxieme ſiecle de lettres, vignettes, friſes & ornements peints en miniature, ſous les deſſeins de Delaiſtre, Peintre de l'Académie royale. Il y a enſuite une table générale contenant les noms propres des perſonnes & des lieux dont il eſt parlé dans cette hiſtoire chronologique.

Bronzes, Vaſes, Etruſques & autres Morceaux.

866. Iſis ayant ſur ſes genoux ſon fils Horus ; un Prêtre Egyptien aſſis ſur une chaiſe, tenant un volume déroulé ſur ſes genoux. Ces deux bronzes portent 5 pouces 3 lignes de haut.

867. Harpocrate, ou Dieu du ſilence, en pied, avec ſa corne de cheveux & ſon panache, en bronze ; hauteur, 8 pouces. Prêtre Egyptien, en bois de ſicomore ; 2 pouces 6 lignes de haut. Momie, en terre verniſſée, ornée d'hiéroglyphes ; deux petits Prêtres Egyptiens, & un demi-taureau, dont

les cornes & les pieds sont mutilés ; en bronze.

868. Deux têtes de femmes de proportion naturelle ; elles sont liées ensemble par la partie postérieure, & n'en forment qu'une à la maniere des *Hermes* antiques. Ce morceau, qui est de bronze, est antique & très estimable, sa conservation est parfaite : il vient du Cabinet de feu M. Crozat, Marquis du Châtel.

869. Buire de poterie étrusque de la plus haute antiquité ; on voit dans le dessein dont elle est ornée trois figures de l'ancienne mythologie.

870. Vase en forme ovoïde, avec deux anses perpendiculaires, accompagnées chacune de deux boutons à longues queues, & un couvercle ; la circonférence du vase est décorée de quatre figures de l'ancienne mythologie, & autres ornements.

871. Deux vases pareils pour leurs formes ; ils sont en hauteurs, avec deux anses qui accompagnent un gouleau évasé en bouche de trompette ; ils ont chacun sur les faces deux figures de l'ancienne fable, & autres ornements.

872. Un vase de pareille poterie, avec trois anses ; deux sont sur les flancs, la troisieme attenante à un gros gouleau évasé ; il est orné au surplus de trois figures sur la face antérieure, au revers d'une espece de coquille, & autres ornements.

873. Un vase à deux anses en forme de seau, avec son couvercle, dont la tête évasée lui donne la forme d'une soucoupe quand il est renversé ; il est en général de couleur brune, & rehaussé par trois cordons d'une couleur plus claire ; la forme est élégante.

874. Un figure de Mercure, en bronze antique, bien conservée sur son pied de bronze ; & un Silene ivre, couché sur son outre ; il tient de sa main gauche un petit broc, & a la tête soutenue par un petit enfant : ouvrage Italien en cire perdue.

875. Une petite figure de Vénus, ou femme nue assise, du plus excellent fini, la main gauche est mutilée ; & une autre petite figure de femme nue couchée, en bronze.

876. Une femme nue, ou Europe ſur le taureau ; morceau élégant, en bronze, de 8 pouces de haut.

877. Trois figures de jeunes hommes nuds, ſans aucun attribut ; & une femme vêtue en chaſſereſſe.

878. Trois petits grouppes, une femme ſur un taureau, un Satyre, & un enfant ſur des monſtres.

879. Six petites pieces de bronze, dont Europe ſur un taureau.

880. Hercule déchirant un lion, bronze de 6 pouces 6 lignes de haut, ſur un pied de bois noirci.

881. Figure d'homme nud dans une attitude forcée, pour ſervir de lampe.

882. Lampe de fantaiſie, dont le lumignon ſort par la bouche d'un cheval.

883. Autre lampe, compoſée d'une figure de vieillard aſſis ſur une terraſſe, avec rochers d'où ſort une branche qui porte deux bobeches dorées.

Figures de bronze, dont pluſieurs d'après l'antique.

884. Mercure portant un ſoleil, figure

gure d'après l'antique, de 12 pouces de haut, ſur un pied de bois.

885. Cléopatre couchée, très beau bronze d'après l'antique, de 13 pouces; &, pour pendant, une autre femme couchée, d'après *Michel Ange*, ſur des pieds de bois d'amaranthe garnis de bronze doré.

886. L'hermaphrodite couché ſur un grand matelas, ſa tête poſée ſur un oreiller, d'après l'antique; 20 pouces de long ſur 10 de large, poſé ſur un pied de bois garni de bronze doré.

887. Une Dame Romaine à demi nue, aſſiſe, & entourée d'une draperie. Cette figure n'eſt pas antique, mais elle eſt belle: hauteur, 7 pouces.

888. Un belle Vénus nue, ſur un genou, s'eſſuyant & ajuſtant ſa chevelure, ouvrage de l'Ecole d'Italie, bien terminée: hauteur 10 pouces 3 lignes.

889. Figure de Vieillard nud, debout, fondue en cire perdue, du plus beau travail & du plus grand goût; il tient le bras gauche élevé, & re-

garde le Ciel qu'il montre avec son doigt : il a sa main droite posée sur un cippe, sur lequel est sa draperie : hauteur 23 pouces.

890. La Géométrie, représentée par une femme assise, tenant des instruments analogues à cette Science. Ce beau bronze, de *Jean de Bologne*, porte 13 pouces de haut, non compris un pied de marqueterie de *Boule*, garni de bronze doré.

891. Pluton, ayant Cerbere derriere lui : hauteur, 21 pouces.

892. Neptune, de 20 pouces de haut. Ce bronze, & le précédent, par *Michel Anguier*, sont d'une très belle exécution.

893. Un Soldat Romain, tenant son épée à son côté ; à ses pieds est son casque ; très belle figure de 20 pouces de haut.

894. Amphitrite : hauteur de ce bronze, 19 pouces, sur un piedouche de bois noirci.

895. Un Faune, appellé vulgairement le Faune aux claquettes. On prétend que le modele est de *Pierre le Gros*. Le mérite de ce bronze est distin-

gué ; il porte 18 pouces 3 lignes de haut.

896. Un beau bronze italien, repréſentant le Dieu Pan jouant de ſa flûte à ſept tuyaux, aſſis ſur un cippe : hauteur, 10 pouces 6 lignes.

897. Un St. Sébaſtien attaché à un arbre, ouvrage italien d'une grande élégance : 10 pouces de haut.

898. Proſerpine, s'appuyant par derriere ſur deux chiens ; bronze italien, en cire perdue, de 7 pouces de haut.

899. Deux enfants aſſis, l'un eſt Hercule étouffant un ſerpent, l'autre un Amour qui tient une couronne. Ces bronzes portent chacun 16 pouces de haut, poſés ſur des pieds garnis de bronze doré.

900. Diane en courſe, tenant ſon arc ; bronze diſtingué d'après l'antique, de ſeize pouces de haut : ſon pendant eſt une femme qui ſe tire une épine du pied, en plâtre bronzé, d'après *Jean Gougeon.*

901. Une vieille femme qui file, très joli bronze italien, de 7 pouces, ſur un pied de bois noirci.

902. Un homme aſſis, figure d'Académie très bien faite, de 21 pouces de haut, ſur un rocher qui eſt doré; & une figure de femme en terre cuite bronzée, faiſant le pendant, ſur un rocher pareil au précédent.

903. Une Muſe, & pour pendant un Silene, dans le goût antique. Chaque bronze porte 14 pouces de haut.

904. La ſtatue équeſtre de Louis XIV, exécutée ſur le modele de *François Girardon* : hauteur, 16 pouces 6 lignes, non compris un pied de bronze de 7 pouces 6 lignes garni d'ornements dorés.

905. Deux enfants aſſis ſur des rochers, l'un ſouffle dans une conque, l'autre tient une couronne au-deſſus de ſa tête : hauteur de chaque, 10 pouces. Les modeles ſont de *François Flamand*, dit le Queſnoi.

906. Une belle figure d'homme nud en attitude de frapper; on l'attribue à *François Flamand* : hauteur, 9 pouces, ſur un pied de marqueterie.

907. Un Bacchus enfant, les bras élevés, tenant une grappe de raiſin, d'a-

près le *Quesnoi*; hauteur, 4 pouces, sur un pied de bronze doré : & un Hercule portant sa massue sur l'épaule, bronze italien de 5 pouces de haut.

908. Un homme un genou à terre, & comme s'il étoit assis, tenant des deux mains une bobeche : hauteur de ce bronze, 9 pouces.

909. Deux Satyres, homme & femme, en pendants ; chaque figure a un genou à terre, sur une terrasse, & porte deux bobeches ; quelques parties sont dorées : hauteur, 12 pouces.

909 *bis*. Deux femmes en pied, chacune porte sur sa tête une bobeche, & est posée sur un pied de bronze doré.

910. Deux grouppes de bronze de 24 pouces de haut, composés chacun de trois figures, dont la ciselure répond au mérite de la composition ; l'un représente l'enlévement d'une Sabine de *Jean de Bologne*; l'autre, celui de Proserpine, par *François Girardon*, sur des pieds de marbre verd de mer, de 2 pouces.

911. Apollon se disposant à écor-

cher Marſias, & Mercure qui tient Prométhée enchaîné. Ces deux grouppes très bien réparés ſont de *Spingola.* Coſme de Médicis, Grand Duc de Toſcane, qui en faiſoit grand cas, les donna à M. Rigaud en 1716.

912. Les Lutteurs, très beau grouppe de deux figures, d'après l'antique : hauteur de ce morceau 14 pouces, ſur un pied de bronze doré.

913. Latone & ſes deux enfants, grouppe diſtingué, fait ſur le modele de *Gaſpard Marſy* : hauteur, 18 pouces.

914. Un Satyre qui regarde une femme endormie ; les draperies ſont dorées : hauteur de ce grouppe, 7 pouces 6 lignes, ſur un ſocle de bois d'ébene.

915. Silene ivre & Bacchus, chacun eſt accompagné d'une femme & d'un Satyre. On croit ces deux grouppes de *Sarazin* ; ils portent 6 pouces 9 lignes de haut, non compris des trépieds de bronze doré.

916. Deux magnifiques flambeaux de bronze, compoſés l'un d'un homme

qui tient un enfant ſur ſon épaule ; l'autre, d'une femme auſſi avec un enfant ; la bobeche qui eſt ſur la tête de chaque enfant, & le pied qui ſert de ſiege à chaque figure, ſont dorés. Ces modeles ſont de l'*Allegarde.*

917. Une girandole à deux branches, dorée d'or moulu ; on y remarque un jeune homme en forme de Sirene, tenant un vaſe de fruits ſur ſa tête.

918. Deux petites girandoles à deux branches, compoſées de terraſſes & rochers en bronze doré, ſur chacun deſquelles eſt un chienqui tient un canard ſous ſa patte.

Buſtes ou Têtes de bronze.

919. Deux belles têtes de femmes, antiques ; elles ſont en regard, & portent chacune 13 pouces de haut, non compris des pieds de bois noirci.

920. Le buſte de la Vénus antique, & celui d'un Faune : chacun a 16 pouces 6 lignes de haut, ſur des piedouches de marbre verd d'Egypte.

921. Deux buſtes de Faune de chacun

10 pouces de haut, non compris des socles de bois.

922. Le buste de Pan, d'après l'antique, de 5 pouces 6 lignes de haut, posé sur un piedouche de marbre de Languedoc.

923. Un buste d'enfant regardant en bas, la tête un peu de côté, d'après le *Quesnoi*, de 4 pouces de haut, sur un pied de marqueterie.

924. Henri IV & Marie de Médicis : ces deux bustes sont d'ancien modele, beaux & parfaitement exécutés : ils ont chacun 10 pouces de haut.

Animaux de bronze.

925. Un taureau fondu en cire perdue : morceau de considération, de 10 pouces de haut sur 17 de long.

926. Une licorne qui tient sous elle un dragon ; &, pour pendant, un chien sur un loup. Ces deux bons grouppes ont chacun 8 pouces de haut sur 10 de long, posés sur des pieds de bronze doré.

927. Un lion dévorant un chevreuil accroupi ; beau bronze de 6 pouces 6 lignes de haut, non compris un

ſocle en bronze doré de 18 lignes.

928. Un petit lion tenant par le milieu du corps un cheval renverſé ; bronze de 4 pouces de haut, ſur un pied d'ébene.

929. Un ſanglier d'après l'antique : hauteur, cinq pouces ; & un chien de chaſſe, ſur des pieds de bois noirci.

930. Un taureau de 4 pouces de haut, ſur un pied de marbre verd campan.

931. Autre taureau de même proportion, ſur un pied de bronze de 2 pouces de haut.

932. Un taureau & un cheval, ſur des pieds de bois noirci.

933. Une chevre qui paroît être en mouvement, poſée ſur un ſocle de bronze doré. Ce morceau peut ſervir de pierre à papier.

934. La pareille chevre poſée ſur une terraſſe de bronze.

935. Un cheval en action de marcher : hauteur 8 pouces 6 lignes, ſur un pied de bois noirci.

936. Un ſanglier aſſis : hauteur, 15 pouces.

Vaſes de bronze.

937. Les deux vaſes dits de Médicis, d'après l'antique, très bien exécutés, ſur les modeles de *Girardon* ; ils ont des couvercles : hauteur, 18 pouces, ſur des gaînes en marqueterie de boule, garnies de bronze.

938. Deux vaſes en forme de buires, de 13 à 14 pouces de haut, compoſés différemment ; ils ſont très ornés ; un chien qui ſemble boire ſert d'anſe à l'un ; l'anſe de l'autre eſt terminée par un dauphin.

Bronze de la Chine.

939. Une femme Chinoiſe, aſſiſe ſur un animal chimérique ; très joli morceau de 7 pouces de haut, poſé ſur un pied à jour de bronze doré.

Figures de marbre.

940. Bacchus, en marbre blanc, de quatre pieds de haut, poſé ſur une tige de colonne cannelée, avec embaſe de plâtre peinte en porphyre, ornée d'un muffle de lion & de ſa peau, de bois doré.

La note faite par M. Mariette (*a*), à l'occaſion de cette figure, dans la deſcription ſommaire des ſtatues, figures, buſtes, vaſes & autres morceaux de Sculpture du Cabinet de feu M. Crozat, Marquis du Châtel, dont la vente a été faite en 1750, nous a paru mériter d'être rapportée ici.

(*a*) Bacchus dans cette aimable fleur de l'âge où le corps ayant achevé de ſe former, a acquis ſon entiere perfection. La figure eſt debout, un bras appuyé ſur un tronc d'arbre, & elle tient de la main gauche une coupe qu'elle ſemble vouloir porter à ſa bouche. Cette ſtatue, qui eſt de marbre blanc, a 4 pieds de haut; elle eſt antique, & a appartenu au ſieur Girardon, Sculpteur célebre. Il la regardoit comme un des plus beaux morceaux de ſon Cabinet : l'on ne peut aſſez priſer la juſteſſe de ſes contours, & l'élégance de ſes proportions. Il ne reſtoit d'entier que la tête & le corps; les bras, les cuiſſes & les jambes manquoient, & ont été ajoutés par François Flamand, quel reſtaurateur! Y eut-il jamais homme qui ſût mieux manier le marbre, & mettre dans l'expreſſion de la chair plus de vérité & plus de ſoupleſſe? & cependant ſon travail paroît ſec en comparaiſon de celui du Sculpteur grec. Il en faut convenir, & être en cela de bonne foi, la ſculpture moderne riſque trop à être miſe en parallele avec la ſculpture ancienne.

941. Apollon, figure qui a été mutilée & remise en état ; elle porte 2 pieds 4 pouces de haut.

942. Léda ; il y a un dauphin à ses pieds. Ce marbre porte 2 pieds 10 pouces.

943. Un homme assis, qui se tire une épine du pied ; figure d'après l'antique, de 10 pouces de haut, qui a été restaurée, sur un pied de marbre.

944. Une Vestale d'après l'antique, de 3 pieds de haut ; la tête a été rajustée.

945. Le petit flûteur, aussi d'après l'antique, de même hauteur.

946. Narcisse se regardant dans l'eau qui tombe d'un rocher sur lequel il est assis, son chien est devant lui. Ce marbre qui a du mérite, porte 23 pouces de haut.

947. Un Bacchante assise, les jambes presque étendues ; la tête & le voile ont été raccommodés : hauteur 8 pouces, longueur 16 pouces : posée sur un pied de brêche d'Alep.

948. Un enfant assis qui rit ; il tient d'une main un oiseau, & de l'autre une pomme. Cette figure a 15 pouces de haut, posé sur un pied de marbre.

949. Un Amour couché sur le côté gauche, il paroît endormi & tient un arc; un autre enfant aussi endormi, ayant un fruit dans la main gauche, le bras droit sur sa tête. Ces morceaux ont chacun 1 pied de haut sur 18 pouces de long.

950. Un enfant à demi couché, tenant sa draperie : hauteur, 10 pouces, sur un pied de marbre noir.

951. Le même enfant tenant le flambeau de l'hymen, dans le goût de *Sarazin.*

952. Un enfant sur un dauphin à qui il tient sa gueule ouverte : hauteur, 7 pouces; longueur, 10 pouces 6 lignes. Ce joli marbre est d'*Adam* l'aîné, sur un pied de bois peint en marbre.

953. Un petit marbre de 3 pouces de haut, représentant un enfant assis, un genou à terre, tenant un masque devant son visage, sur un pied à jour de bronze doré.

Grouppes de marbre.

954. Deux grouppes de marbre de chacun 3 pieds 3 pouces de haut;

l'un repréſente Bacchus qui eſt debout, la main droite poſée ſur un cippe, il donne à manger à un petit Satyre; l'autre eſt Amphitrite, avec un Amour qui lui tient ſa draperie, & la main poſée ſur elle.

955. Salmaſis & Hermaphrodite, groupe de deux figures debout, d'après l'antique, par *Hutin* de Dreſde: hauteur de ce marbre, 2 pieds, y compris ſon ſocle d'un pouce & demi, ſur un pied de bois peint en marbre.

Buſtes de marbre.

956. Ptolomée & Antiochus, buſtes antiques; ce dernier n'a que la tête, le ſurplus eſt d'un Artiſte moderne: ils ſont ſur des gaînes en marbre noir, avec embaſes & chapiteaux de marbre blanc.

957. Deux buſtes de femmes antiques, elles ſont d'un beau caractere, poſées ſur des gaines à panneaux de brocatelle antique, les corps de marbre blanc, les chapiteaux & les baſes de marbre noir veiné de blanc.

958. Autres buſtes antiques reſtaurés;

on croit que c'est Alexandre & sa femme, sur des gaînes plaquées de marbre gris veiné de blanc, à gaîne & chapiteau de Languedoc.

959. Le buste d'un jeune Romain, dont la tête est antique & remplie de grace. Ce marbre porte 13 pouces de haut, non compris un piedouche de marbre de Flandre.

960. Le buste d'Héraclite, antique : hauteur, 12 pouces 6 lignes, sur un piedouche de breche grise.

961. Une femme Romaine, buste de 13 pouces, aussi sur un piedouche de marbre de Flandre.

962. Buste d'Empereur Romain, qui a été restauré, forte nature : hauteur 2 pieds, sur un socle de pierre.

963. Deux autres bustes d'Empereurs, aussi forte nature ; les têtes sont de marbre blanc, les draperies de différents marbres plaqués : hauteur, 2 pieds 2 pouces, sur des piedouches de marbre de Flandre.

964. Lucile, femme de Lucius Verus, Empereur Romain ; le col est rajusté : hauteur, 13 pouces 6 lignes, sur

un piedouche de marbre de Flandre de 6 pouces.

965. Un beau buste de Bacchante, par *Robert le Lorrain*; la tête est pleine d'expression, & l'on croit pouvoir assurer que cet Auteur ne peut avoir rien fait de mieux; il est sur un piedouche de Serfontaine.

966. Une autre Bacchante, faite par un bon Artiste : hauteur, 11 pouces, sur un pied de marbre de 5 pouces 6 lignes.

967. Un très joli marbre, que l'on dit être le buste du petit Néron : hauteur 8 pouces, sur un pied de marbre de 4 pouces.

968. Deux bustes de Negre & Négresse d'un beau travail, avec des yeux & une coeffure rapportés en marbre blanc, sur des piedouches, posés sur des gaînes plaquées en serancolin, les pieds & socles de breche antique, ornés de caryatides.

969. Deux têtes d'enfants d'un caractere qui annonce de la gaieté : hauteur de chaque, 8 pouces, sur des piedouches de plâtre, peints en marbre verd campan.

970. Deux autres têtes d'enfants ſur des pieds pareils au précédent.

Bas-relieſs de marbre.

971. Lucrece accompagnée de ſes parents, bas-relief de trois figures en pied, ouvrage italien, de 18 pouces de haut, ſur 15 pouces 6 lignes de large.

972. Pluſieurs ſujets, buſtes ou têtes en médaillons qui ſeront diviſés.

973. Deux ſphinx en marbre rougeâtre, antique, de 11 pouces de longueur, ſur des pieds à gorge, quarrés, & plate-bande de bronze doré.

Vaſes de marbre.

974. Un joli vaſe de porphyre en forme de nacelle, ayant un couvercle : hauteur, 7 pouces; largeur, priſe dans le plus grand diametre de l'ovale, 13 pouces.

975. Un vaſe avec ſon couvercle, de jaune antique; il porte 15 pouces de haut, non compris ſon ſocle de marbre blanc.

976. Deux beaux vaſes, ayant des

couvercles en breche jaune d'Italie, de 20 pouces de haut, sur des gaînes en marquererie de *Boule*, garnies de bronze.

977. Deux autres de marbre verd d'Egypte, formant des cassolettes, par rapport à leur monture en bronze doré.

978. Un vase en forme de nacelle, marbre de breche verte d'Italie: hauteur 11 pouces.

979. Un autre approchant de même forme, mais plus élégante, avec un couvercle, de marbre de Corse: hauteur, 12 pouces, sur un pied de *Boule*.

980. Deux jolis vases en gondoles, ornés de godron sur les corps, & de canaux creux sur les couvercles; le tout de marbre nommé *serpentine*: chacun porte 13 pouces de haut, posés sur des pieds de blanc veiné, de 3 pouces.

981. Un vase couvert, enrichi de godrons; il est de forme ronde, & en marbre blanc: hauteur, 7 pouces 6 lignes, non compris son pied octogone de même marbre.

982. Un autre vaſe en gondole de verd d'Egypte, avec ſon couvercle : hauteur, 8 pouces.

983. Deux baluſtres, ſur des pieds de marbre rougeâtre; ils ſont en pendants, & portent chacun 2 pieds 10 pouces.

984. Un pied de bleu turquin de 9 pouces de haut, ſur 10 pouces 6 lignes en quarré ſur ſon deſſus.

985. Un mortier de marbre blanc antique, orné de feuilles & autres ornements : hauteur, 3 pouces, ſur 3 pouces 3 lignes de diametre en dedans.

Buſtes & Vaſes d'albâtre.

986. Un Empereur & une Impératrice, en buſtes de 18 pouces de haut; ils ont été reſtaurés.

987. Un buſte de femme, mutilé.

988. Un vaſe d'albâtre oriental avec un couvercle; il eſt en forme de nacelle, & porte 1 pied de haut, ſur 16 pouces, dans le plus grand diametre.

989. Un autre auſſi d'albâtre oriental

sans être couvert ; sa forme est ovale, sur un pied de bois doré.

990. Deux autres vases avec leurs couvercles : hauteur, douze pouces, sur des pieds, l'un de marbre blanc, l'autre de breche d'Alep.

991. Deux vases d'albâtre de bon goût, enrichis de canaux creux & ornements ; ils portent chacun 20 pouces 6 lignes de haut, & sont posés sur des piedestaux de bois à panneaux peints en marbre.

992. Deux autres beaux vases, enrichis de masques & guirlandes, de même hauteur que les précédents, & sur des pieds pareils.

993. Une girandole à deux branches, composée d'un fruit chinois en albâtre, de 12 pouces de haut, posée sur un pied de marqueterie de *Boule*.

Figures de Ronde-bosse, Bas-reliefs, & autres modeles en terre cuite.

994. Un Christ assis, les mains posées sur un linceul ; ce beau morceau d'étude, qui porte 15 pouces de long, sur 8 de haut, est estimé fait par *Michel Ange*.

995. Moyſe, figure du tombeau du Pape Jules II à Rome, par *Michel Ange* : hauteur 13 pouces 6 lignes.

996. Un pareil morceau de 9 pouces de haut, & qui nous paroît fait par *le Queſnoy*.

997. L'Ecorché, figure de 12 pouces de haut, par *Guliellomo Paludano.*

Figures de François Flamand, dit le Queſnoy.

998. Bacchus, antique : hauteur 14 pouces, ſur un pied de bois.

999. L'Antinoüs, très belle figure, de 13 pouces de haut.

1000. Une pareille figure, de 12 pouces de haut.

1001. Une femme debout, drapée dans le goût antique ; hauteur 13 pouces.

1002. Autre femme debout, un enfant eſt aſſis à ſes pieds, & ſemble vouloir ſe cacher ſous ſa robe : hauteur de ce morceau, 14 pouces 6 lignes.

Enfants de François Flamand.

1003. Deux enfants qui ſemblent ſe diſputer une boule, l'un tient le bras de l'autre qui eſt à terre ; ce groupe eſt d'un parfait mérite : il porte 8 pouces 6 lignes de haut.

1004. Un enfant couché, le coude appuyé ſur un cippe, ſes bras dans l'attitude de ſoutenir une croix, comme on a ſouvent repréſenté l'Enfant Jeſus : ce morceau porte 7 pouces de haut, ſur 9 de long.

1005. Un autre enfant, ſa main gauche eſt poſée ſur ſon côté, ſon bras droit étendu ſur la draperie ſur laquelle il eſt couché : hauteur 8 pouces 6 lignes.

1006. Un joli morceau de 3 pouces de haut, ſur 4 pouces 6 lignes de long, poſé ſur un pied de bois doré ; il repréſente un enfant un peu couché, la jambe gauche élevée, ainſi que les bras, la tête, & une partie de ſon corps. Ses deux poings ſont fermés.

1007. Deux enfants debout, en pendants, chacun a le bras droit élevé ; l'un porte 6 pouces de haut, l'autre 6 pouces 6 lignes.

1008. Un petit S. Jean avec ſon mouton, & un autre enfant ; ils ſont aſſis un peu de côté : chaque morceau porte 4 pouces de haut, ſur 5 de large.

1009. Deux autres enfants auſſi en pendants, dont un que l'on nomme communément le petit Chriſt.

1010. Deux enfants ſur des terraſſes : hauteur de chacun 5 pouces 6 lignes, ſur des ſocles de bois noirci.

1011. Deux enfants aſſis ſur des eſpeces de rochers; chacun a le bras gauche élevé : hauteur 6 pouces.

1012. Un enfant aſſis, regardant en haut ; hauteur 4 pouces 6 lignes : & un autre enfant auſſi aſſis ſur un rocher ; hauteur 5 pouces 6 lignes.

1013. Deux enfants aſſis, ils paroiſſent annoncer différentes actions : hauteur de chacun cinq pouces.

1014. Deux autres enfants, l'un eſt à genoux, l'autre n'a qu'un genou à terre : hauteur 6 pouces.

1015. Un enfant aſſis, & renverſé ſur une lionne ; ce morceau qui porte 7 pouces de haut, n'eſt pas tout à fait terminé.

1016. Deux enfants aſſis, chacun a

les bras élevés ; l'un est terminé, l'autre un peu maquette, sur des socles : hauteur 7 pouces.

1017. Un enfant debout, à côté d'un tronc d'arbre, son attitude semble indiquer qu'il montre quelque chose en l'air : hauteur 7 pouces, sur un fût de colonne cannelée en bois doré.

1018. Un groupe de deux enfants couchés qui s'embrassent ; ce morceau porte 6 pouces de long.

1019. Autre groupe de deux enfants couchés l'un sur l'autre en travers : hauteur 5 pouces sur 5 pouces de large.

1020. Deux enfants couchés, l'un sur le ventre ayant sa tête élevée & tenant une pomme ; l'autre sur le côté droit, & qui semble jouer.

1021. Deux autres enfants couchés, l'un sur le dos les jambes écartées, son bras gauche sur sa tête ; l'autre est sur son côté droit, la tête entre ses bras, & les jambes étendues : sur des pieds de bois.

1022. Deux autres enfants couchés.

1023. Deux *ditto*.

1024. Un enfant couché, le bras gauche élevé, ſa tête tournée du côté gauche.

1025. Trois enfants couchés ; le premier ſur le dos ; le ſecond ſur le côté, & le troiſieme ſur le ventre ; ce dernier n'eſt qu'ébauché.

Buſtes de François Flamand.

1026. Un buſte d'enfant de 4 pouces de haut, ſur un pied de bois noirci, & un terme composé d'une tête d'enfant : hauteur 7 pouces, ſur un pied de bois doré.

1027. Le buſte du Lantin, & celui d'un vieillard bien caractériſé ; le premier a cinq pouces de haut ; le ſecond en a 6, ſur piedouches de bois noirci.

1028. Le buſte d'Homere : hauteur 8 pouces 6 lignes, ſur un pied de bois noirci.

1029. Deux têtes de femmes d'après l'antique ; chacune porte 4 pouces de haut.

1030. Deux jolis buſtes de Vierges : hauteur de chaque 7 pouces 6 lignes.

1031. Le buſte de N. S. & celui de la

Sainte Vierge : hauteur de chaque 6 pouces 6 lignes.

1032. La tête du Gladiateur, & celle d'une femme ; chacune de 5 pouces 6 lignes de haut.

1033. Une belle tête d'enfant : hau teur 5 pouces.

1034. Le buste de la Sainte Vierge, les yeux baissés : hauteur 11 pouces.

1035. Une jambe, & la moitié de la cuisse ; un pied, & un bras ployé tenant un rouleau.

1036. Deux bras & un pied en terre cuite ; deux enfants en plâtre, dont un bronzé : les bras manquent.

Bas-Reliefs.

1037. La figure d'un Christ de *Michel Ange*, la tête & les jambes manquent : ce morceau porte 8 pouces de haut, sur 8 de large.

1038, Sainte Catherine de Sienne, par *MelchiorCaffa* : ce morceau de mérite porte 15 pouces 6 lignes de haut, sur 10 pouces de large, dans une bordure dorée.

1039. N. S. au tombeau, composition de sept figures; ce bas-relief très saillant eſt d'un bon ſtyle : il porte 11 pouces de haut, ſur 9 pouces 6 lignes de large : on y lit, *Ste Med.* 1695.

1040. Un bas-relief de *François Flamand*, très connu par nombre de copies que l'on en a vues, en marbre & en bronze ; il repréſente une Bacchanale composée de huit enfants, dont un tient une chevre, & un autre la regarde, tenant un maſque devant ſon viſage : ce morceau d'un ſublime mérite porte 8 pouces 6 lignes de haut, ſur 14 pouces 3 lignes de large.

1041. Deux Centaures s'enfuyant avec chacun une femme, & trois Amours : hauteur 8 pouces, largeur 16 pouces 6 lignes, dans une bordure dorée.

1042. Un beau relief très ſaillant de la plus haute diſtinction, par *François Flamand*; il repréſente quatre enfants, un ſe tient à un arbre, deux ſemblent le hauſſer, & le quatrieme eſt couché & endormi : ce morceau porte 8 pouces 6 lignes de haut, ſur 6 pouces de large, dans une bordure dorée.

1043. Un bas-relief de *Fr. Flamand* ;

composé d'un grouppe de trois enfants, dont un boit dans un vase qu'un autre tient; le troisieme est endormi : hauteur de ce morceau 2 pouces 6 lignes largeur ; 4 pouces 3 lignes, dans une bordure dorée.

1044. Autre, un enfant assis, vu par le dos : hauteur 2 pouces 8 lignes, largeur 1 pouce 6 lignes.

1045. Deux têtes d'enfants, bas-reliefs, de forme ovale que l'on donne à *François Flamand* : hauteur 3 pouces 9 lignes, largeur 3 pouces, dans des bordures dorées.

1046. Buste de femme Romaine, dans une bordure dorée.

1047. Un Bacchanal, de 6 pouces de haut, sur 13 de large.

Figures & autres morceaux de différents Maîtres.

1048. Un Pere de l'Eglise avec un enfant qui a un livre ouvert sur sa tête; ce grouppe porte 18 pouces de haut; on le donne à *Jean Pilon*.

1049. N. S. sous la figure d'un Jardinier, en pied, par l'*Allegarde* : hauteur 24 pouces.

1050. Cléopatre, auſſi de l'*Allegarde* : hauteur 21 pouces.

1051. Pluton, par *Anguiere* : hauteur 20 pouces.

1052. La Religion qui terraſſe l'Héréſie, modele d'un grand mérite, par *le Gros*, pour le grouppe de marbre qu'il a fait à la Chapelle de S. Ignace, dans l'Egliſe de Jeſus à Rome ; hauteur 2 pieds 3 pouces, largeur 1 pied 10 pouces.

1053. Staniſlas Koſta, Jéſuite Polonois, dont le tombeau eſt chez les Jéſuites à Rome, par le même *le Gros* : hauteur de ce beau morceau 11 pouces, longueur 19 pouces 6 lignes, largeur 8 pouces 9 lignes.

1054. Autre morceau, par *le Gros*, de 2 pieds de haut ; c'eſt le Satyre Marſias attaché à un arbre.

1055. Le même Marſias attaché à un arbre, il eſt ſuſpendu en l'air, d'après l'antique, par *le Gros* : hauteur de 2 pieds 6 pouces.

1056. Un Torſe, admiré de tous les Artiſtes ; on le dit modelé par *Gouſtou*, le pere.

1057. N. S. les bras liés, très belle

figure de 17 pouces de haut, par *Sarazin.*

1058. Deux petits grouppes de *Sarazin*, l'un est l'enfant Jesus avec S. Jean, l'autre est composé de deux Amours qui s'embrassent, dont un à un chien sous le bras : hauteur de chaque 6 pouces.

1059. Un petit Bacchus sur une chevre, orné de pampres de vigne ; à gauche est un enfant assis ; à droite un Satyre debout : ce grouppe de *Sarazin* porte 5 pouces 6 lignes de haut.

1060. Danaé à demi couchée, par *J. B. Lemoine*, l'oncle, & pour pendant une Naïade de *Jean-Baptiste Lemoine*, le neveu, de l'Académie Royale, actuellement vivant : ces deux bons morceaux portent 12 pouces de haut, non compris des pieds de bois noirci, garnis de bronze doré.

1061. Un enfant assis sur un cygne, & lui donnant à manger un poisson, par *L. S. Adam*, en 1737 : hauteur 7 pouces, longueur 10 pouces, sur un pied d'ébene garni de bronze.

1062. Les Saisons, représentées par quatre figures de chacune 10 pouces 6 lignes de haut, dans des niches; ce sont les mêmes en petit faites par *Bouchardon*, telles qu'elles sont à la fontaine de la rue de Grenelle.

1063. Le modele de la statue pédestre de Louis le Grand, par *Coyzevox*, qui est dans l'Hôtel de ville de Paris : hauteur 2 pieds 5 pouces.

1064. Vénus & l'Amour, grouppe d'un pied 1 pouces de haut, par *Sigisbert*, sur un socle de bois.

1065. Deux jolies petites figures de Vénus s'amusant avec des tourterelles, par le même *Sigisbert* : chacune porte 8 pouces de haut.

1066. Deux autres figures de femmes, non terminées, aussi par *Sigisbert*.

1067. Une Naïade versant de l'eau d'une urne, joli modele.

1068. Un grouppe d'une femme avec trois enfants : hauteur 14 pouces.

1069. L'hermaphrodite couché, & une Vénus qui en fait le pendant : sur des pieds de bois doré.

1070. Mars & Vénus avec l'Amour, grouppe d'un pied de haut.

1071. Hercule qui combat l'hydre, à côté de lui est une figure un genou à terre qui annonce de l'effroi ; ce grouppe porte 11 pouces 6 lignes de haut.

1072. Un Faune, dit le Faune aux Claquettes, d'après l'antique : 22 pouces de haut.

1073. Un homme assis, un bras sur sa tête ; belle figure d'Académie de 15 pouces de haut.

1074. Une Vestale : hauteur d'un pied.

1075. Une femme assise, sortant du bain & accommodant ses cheveux.

1076. Une baigneuse qui s'essuie avec une éponge, par *D. Raspalte.*

1077. Autre femme qui s'essuie le bras gauche, avec une éponge.

1078. Un joli buste de femme en corset : hauteur 7 pouces 6 lignes.

1079. Un buste d'homme fait en Italie, d'un bon style, grand comme nature.

1080. Un Terme de 6 pouces de haut, sur un pied de bois doré, & socle peint en marbre verd d'Egypte.

Figures en ivoire, en bois, en plâtre & en cire.

1081. Une figure en habit de caractere de Polichinel, ouvrage de bon goût en ivoire : hauteur 6 pouces.

1082. Un homme en pied tenant un poignard, très belle figure en bois, de 11 pouces de haut, ſur un pied de bronze doré.

1083. Deux figures de grande réputation, nommées les Adoleſcents, de *François Flamand*, en plâtre, chacune de 26 pouces de haut.

1084. La Baigneuſe de M. *Falconet*, en plâtre, de 2 pieds 4 pouces de hauteur.

1085. Hébé, en plâtre, de 2 pieds 10 pouces 6 lignes de haut, auſſi par M. *Falconet.*

1086. Le buſte d'une jeune fille nommée la boudeuſe, ſur ſon piedouche.

1087. Le buſte d'une jolie Bacchante, de proportion naturelle.

1088. La Vénus de Médicis, en cire, de 18 pouces de haut, ſous une caſe de verre.

1089. Deux femmes couchées, en cire,

de 10 pouces 6 lignes de longueur, ſous des caſes de verre.

1090. Un buſte en cire du petit Néron, dont le marbre eſt dans ce cabinet.

Pagodes de pâte des Indes.

1091. Un mandarin : hauteur 12 pouces.

1092. Un homme ayant une femme ſur ſon dos, & pour pendant un joueur de mandoline ; pagodes à têtes branlantes.

1093. Deux pagodes, homme & femme ; chacune de 14 pouces de haut.

1094. Un homme & une femme, ſur un pied de bois : hauteur 12 pouces.

1095. Une figure de femme, de 16 pouces, ſon viſage eſt mutilé.

Méchanique & Phyſique.

1096. Une ſphere mouvante, établie ſur le ſyſtême de *Ticho-Brahé* ; elle a 2 pieds de diametre, & eſt exécutée en cuivre ; c'eſt l'ouvrage de M. *Fortier*, Notaire à Paris. Cette belle machine eſt montée ſur un pied de marqueterie garni de bronze : elle vient du cabinet de M. Bonnier de la Moſſon.

1097. Une ſphere en cuivre, de 13 pouces de diametre, avec une bouſſole, par *Buterfield.*

1098. Une très belle machine pneumatique, conſtruite ſous les yeux du ſavant Abbé *Nollet*, montée ſur un pied de bois verni : elle vient auſſi du cabinet de M. Bonnier.

1099. Une machine à démontrer les Eclipſes de la Lune & du Soleil.

1100. Un demi-cercle ou rapporteur diviſé, garni d'une alhidade, & propre à lever & tranſporter des angles.

1101. Un téleſcope de 15 pouces, avec tous ſes ajuſtements, par M. *Lebas*, des galeries.

1102. Un méridien en cuivre, fait par *Lordelle* en 1741.

1103. Un cadran avec ſa bouſſole, & deux niveaux, par *Lemaire.*

1104. Un petit niveau à lentille, & qui peut ſervir à pointer un canon ; dans ſon étui.

1105. Un microſcope avec ſes lentilles

& porte-objets, renfermé dans une boîte de bois de Sainte Lucie.

1106. Un plus petit microſcope, avec deux lentilles, dans une boîte de bois de violette.

1107. Un beau chandelier de cuivre, avec deux miroirs concaves, & ſon garde-vue.

1108. Une petite-chambre noire.

1109. Des inſtruments de mathématique, par *Buterfield*, renfermés dans une boîte.

1110. Un morceau de la matiere qui eſt entrée dans la fonte de la ſtatue de Louis XV à Paris, & des lancettes dans deux étuis.

Meubles curieux.

1111. Un coffre en forme de tombeau, poſé ſur un pied à 4 gaînes, avec entre-jambes & un fond en doſſier; le tout en marqueterie, avec ornements en étain & cuivre, richement orné de bronze doré d'or moulu par *Boule*; ouvrage de la plus haute conſidération. Le tout enſemble porte 4 pieds 4 pouces de haut, ſur

2 pieds 8 pouces de large, & 20 pouces de profondeur.

1112. Un cabinet ouvrant à une porte ſur la face qui renferme trois tiroirs, à chacun des côtés quatre tiroirs en marqueterie, incruſté en cuivre & étain, d'un très riche deſſein, orné d'un médaillon de Louis XIV, guirlandes, têtes d'enfants, maſques, feuillages & autres ornements en bronze doré d'or moulu par *Boule*, ſur un pied d'ébene garni de filets & bâtons rompus en bronze: hauteur, 3 pieds 2 pouces 9 lignes; largeur, 2 pieds 4 pouces; profondeur, dix-huit pouces. Au-deſſus dudit cabinet eſt un ſerre-papier, auſſi en marqueterie de *Boule*, dont le milieu renferme une pendule de forme ronde, ornée d'une figure en ronde-boſſe, dorée d'or moulu, repréſentant le Temps.

1113. Une commode à trois tiroirs, arrondie des deux côtés, avec une gaîne à chacun, en marqueterie de cuivre ſur écaille, garnie de bronze doré d'or moulu, par *Boule*; le deſſus de marbre d'Egypte antique, entouré d'un bandeau aussi de bronze doré : hauteur, 2 pieds 6 pouces ; largeur, 5 pieds ; profondeur, 20 pouces.

1114. Une autre commode à deux tiroirs en marqueterie fond cuivre, ornée d'un masque sur le devant, & un de chaque côté ; bandes, gorges, feuilles & moulures par *Boule*. Cette belle piece porte 2 pieds 6 pouces 6 lignes de haut, 4 pieds 4 pouces de large, & 22 pouces de profondeur.

1115. Une jolie table contournée à quatre pieds de biche & deux gaînes, avec entre-jambes, en marqueterie de *Boule*, ornée d'un masque de femme, de quatre têtes de Satyres, feuilles, godrons & autres ornements de bronze doré : elle porte 2 pieds 4 pouces 6 lignes de haut, 3 pieds 8 pouces de large, & 18 pouces 6 lignes de profondeur.

1116. Une table en marqueterie à ornements de cuivre & étain, aussi de *Boule* ; elle a quatre pieds, avec entre-jambes, & est garnie de bronze doré ; le dessus est couvert d'une peau : hauteur, 2 pieds 4 pouces 9 lignes ; largeur, 2 pieds 3 pouces 6 lignes ; profondeur, 18 pouces.

1117. Une autre petite table de bureau à ſix pieds, en forme de gaîne, avec un fond & entre-jambes en marqueterie de cuivre & étain, par *Boule* ; le deſſus eſt en bois : hauteur, 2 pieds 8 pouces ; largeur, 2 pieds 2 pouces 6 lignes ; profondeur, 18 pouces.

1118. Un pied de table à deux conſoles, avec ſon deſſus, formant un demi-cercle, en marqueterie & ornements de cuivre ſur écaille, enrichis de deux têtes de belier, de leurs pattes, d'un maſque de femme, moulures & ornements de bronze doré d'or moulu. Ce morceau eſt de la plus grande richeſſe, & certainement *Boule* s'y eſt diſtingué ; il porte 2 pieds 6 pouces de haut, ſur 2 pieds 9 pouces 6 lignes dans ſon diametre, & 21 pouces de profondeur.

1119. Une jolie table à quatre pieds, ceintrée ſur les angles de devant, avec ornements & figures en écaille, garnie de deux agréables têtes de femmes, de deux masques, bandeaux, plates-bandes & ornements dorés d'or moulu, par *Boule* : largeur, 4 pieds ; profondeur, 19 pouces ; hauteur, 2 pieds 5 pouces 9 lignes.

1120. Autre table en marqueterie, avec ornements & figures en cuivre, de même forme & grandeur, garnie de pareils bronzes dorés d'or moulu comme la précédente.

1121. Une cassette de belle marqueterie de *Boule*, garnie de bandes, plaques, agraffes, masques, feuilles en bronze doré de bon goût : hauteur, 12 pouces ; largeur, 21 pieds ; profondeur, 14 pouces.

1222. Un table de bureau, arrondie sur les angles, & quarrée dans les bouts, montée sur quatre pieds de biche & quatre gaînes, avec entre-jambes en marqueterie, ornée de têtes d'Espagnolette, beaux masques & différents ornements dorés d'or moulu : longueur, 4 pieds 1 pouce ; largeur, 2 pieds 10 pouces ; hauteur, 2 pieds 10 pouces.

1123. La pendule qui est placée sur la

susdite table, est un demi-cercle sur un pied d'ébene, ornée de moulures, & d'un masque à chaque côté; au-dessus de la pendule est une belle figure de Diane avec un Amour, le tout de broze doré d'or moulu : le mouvement par *Guiot*.

1124. Une table de porphyre de forme octogone, de 2 pieds 9 pouces, sur 2 pieds 1 pouce, enchassée en ébene, sur un pied à huit colomnes de bois des Indes, avec un tiroir dans le haut.

1125. Une autre table aussi de forme octogone, de 3 pieds de large; elle est composée de huit panneaux d'albâtre oriental, avec des bandes au pourtour, de marbre jaune antique, dans le milieu un bouquet de fleurs de pierres de rpport, dans un panneau de marbre noir : ouvrage d'Italie, sur un pied à huit consoles de bois sculpté & doré.

FIN.

Lu & approuvé, ce 16 *Décembre* 1771,

COCHIN.

www.ingramcontent.com/pod-product-compliance
Ingram Content Group UK Ltd.
Pitfield, Milton Keynes, MK11 3LW, UK
UKHW021043200726
13857UKWH00003B/797

9 782013 028981